D1386000

GUIDE DU CHERCHEUR

Quelques éléments du zen

dans l'approche holistique

LORAN INC.

Conseillers à la direction d'entreprises

2050 RUE MANSFIELD

BUREAU 1404

MONTRÉAL (QUÉBEC)

H3A 1Y9

André Ouellet

7.1.96

GUIDE DU CHERCHEUR

Quelques éléments du zen

dans l'approche holistique

gaëtan morin
éditeur

gaëtan morin éditeur

C.P. 180, BOUCHERVILLE, QUÉBEC, CANADA
J4B 5E6   TÉL. : (514) 449-2369   TÉLÉC. : (514) 449-1096

ISBN 2-89105-335-4

Dépôt légal 3ᵉ trimestre 1990
Bibliothèque nationale du Québec
Bibliothèque nationale du Canada

GUIDE DU CHERCHEUR
Quelques éléments du zen dans l'approche holistique
© 1990, G. Morin Éditeur ltée
Tous droits réservés

1 2 3 4 5 6 7 8 9 0   G M E 9 0   9 8 7 6 5 4 3 2 1 0

Révision linguistique : Laurent Richard

Il est illégal de reproduire une partie quelconque de ce livre sans autorisation de la maison d'édition. Toute reproduction de la publication, par n'importe quel procédé, sera considérée comme une violation des droits d'auteur.

Remerciements

Je suis heureux que le guide de recherche, avec cette nouvelle approche, soit enfin publié. En effet, c'est en 1983 que j'ai entrepris cet ouvrage, lequel a été réalisé grâce aux personnes et aux organismes qui ont su m'encourager et me faire profiter de leur compétence, à des titres divers et à différents stades de la recherche. La mention de leur nom, en début d'ouvrage ou ailleurs dans le texte, ne constitue qu'un modeste témoignage de leur contribution. Il s'agit du Fonds pour la formation de chercheurs et l'aide à la recherche (F.C.A.R.), du Programme d'aide institutionnelle à la recherche (P.A.I.R.), de la Fondation de l'U.Q.A.C., de Jacques ARSAC, Samuel AMÉGAN, Gérald BOUTIN, Jean-Pierre DESLAURIERS, Vincent SIMARD, Jean-Marie VAN DER MAREN, de même que tous les étudiants en recherche avec qui j'ai échangé au cours de séminaires, sans oublier les personnes qui m'ont aidé sur le plan professionnel, soit Johanne BEAUMONT, Nicole FRADETTE, Normande LAPOINTE et Benoît SANFAÇON. À tous et à toutes, j'exprime ma plus sincère reconnaissance.

André Ouellet

Avertissement

Sauf dans les cas où le genre est mentionné de façon explicite, le masculin est utilisé dans ce texte comme représentant des deux sexes, sans discrimination à l'égard des hommes et des femmes.

Préface

Le titre de cet ouvrage étonnera plus d'un lecteur. En effet, le rapprochement entre la recherche et le zen n'est pas courant. La plupart du temps, on a l'impression que le zen est une philosophie qui ne concerne que les seuls initiés. Or, il n'en est rien. Cette approche de l'humain et du cosmos est plus accessible qu'on ne le pense généralement. André Ouellet a le mérite, dans cet ouvrage, d'établir un rapprochement tout à fait pertinent entre cet «art de vivre» et la recherche.

Pour ce qui est du contenu, le moins que l'on puisse dire est qu'il comporte des éléments essentiels à la poursuite de toute entreprise de recherche. Les réflexions de l'auteur s'organisent autour de trois questions centrales: 1) Comment stimuler la curiosité intellectuelle, l'imagination créatrice, par des échanges de développement plus créatifs entre le superviseur et le supervisé? 2) Comment intégrer l'effort systématique de recherche dans une approche holistique? 3) Comment organiser un microsystème d'apprentissage, c'est-à-dire une situation effective et performante, pour rendre le chercheur en formation plus à l'écoute de son apprentissage?

Partant de là, les cinq chapitres de l'ouvrage abordent des thèmes dont les titres évoquent une préoccupation pédagogique certaine: a) Le zen et la recherche créative; b) L'organisation holistique et le travail de recherche; c) Le modèle holistique et les choix en recherche; d) L'intuition créatrice et la méthode scientifique et enfin e) Le support informatique et le travail de recherche. Ces chapitres s'articulent de façon logique et permettent au lecteur de suivre, pour ainsi dire «en direct», les principales étapes du processus de recherche.

Ce qui frappe encore plus ici, c'est l'authenticité des propos de l'auteur lui-même: ce sont ceux d'un professeur et d'un chercheur soucieux d'harmoniser ces deux rôles. On reconnaît dans cet ouvrage l'intérêt qu'il porte depuis plusieurs années à la compréhension profonde du sujet de recherche qui préoccupe l'étudiant en formation. Accompagner un chercheur débutant dans son trajet exige une compétence évidente et une remise à jour constante. Ne pas confondre sa propre vision des choses avec celle de l'autre, accompagner, non pas devancer, faciliter le plus possible le développement de l'autonomie, «faire progresser par la concentration», voilà un message clair que l'auteur destine au superviseur de mémoires ou de thèses.

S'adressant de façon plus spécifique à l'apprenti-chercheur, André Ouellet invite ce dernier à la découverte et à la pratique-ascèse: au-delà des sentiers battus, il faut suivre sa propre voie. Il expose une vision du processus de

VIII

recherche que l'on pourrait qualifier d'«internaliste», tout en ne rejetant pas l'apport de la dimension scientifique. Nous voilà bien loin de l'application simpliste de dogmes empruntés aux sciences dites «pures», aux «affaires humaines» comme le préconise Skinner et certains de ses épigones. Du reste, cette dichotomie entre les sciences «molles» et les sciences «dures», entre les sciences «humides» et les sciences «sèches» relève d'une fantasmagorie administrative et n'a pas grand sens. On sait aujourd'hui que la négation de la dimension subjective nuit à l'accès à la connaissance véritable.

Trop souvent encore, le jeune chercheur croit devoir amasser le plus de références possible sur le sujet de son choix, plutôt que de partir de son interrogation et de son désir de connaître. Dans ces conditions, il n'arrive pas à «démarrer», à «retourner le sablier»; il développe, pour ainsi dire, une pensée magique qui le conduit presque à croire que son mémoire, ou sa thèse, sortira tout habillé de cet agrégat de données bibliographiques ou statistiques. Sans tomber dans le piège des recettes infaillibles, l'auteur suggère au futur chercheur de se faire confiance, d'envisager son projet de façon positive. Il lui recommande notamment de ne pas négliger la réflexion et le sens de comparer des idées. En définitive, il met l'accent sur la nécessité de ne pas s'en tenir uniquement à la seule démarche traditionnelle.

Ce livre arrive à point nommé. Dans le contexte des sempiternelles polémiques entre les tenants de l'objectivité et ceux de la subjectivité, de la quantité et de la qualité, il préconise un esprit de réconciliation qui fait cruellement défaut. Si l'action conduit à l'illumination, donc à la connaissance, comme le prétend le maître Zen, ce livre donnera à plusieurs non seulement le goût d'entreprendre un travail de recherche, mais également celui de le mener à bon port par un effort méthodique, en étroite relation avec le réel et en toute «conscience».

Gérald Boutin
Professeur titulaire
D.S.E., U.Q.A.M.

Table des matières

Introduction

Un nombre de plus en plus important d'étudiants inscrits à des programmes de formation en recherche se sentent désemparés devant les exigences d'un mémoire ou d'une thèse. Souvent, malgré des efforts logiques plus ou moins marqués, ils n'obtiennent pas les résultats attendus ou ne peuvent terminer leur projet. De nombreux facteurs d'ordre circonstanciel peuvent aussi expliquer un échec: des problèmes personnels, la connaissance inadéquate du sujet de recherche, le manque d'habiletés et de planification, le choix d'un superviseur, l'absence d'outils didactiques et pédagogiques etc.[1]. C'est pour tenter de résoudre tous ces inconvénients que nous avons écrit ce guide.

D'autres voies, dans le domaine de la recherche, méritent d'être explorées.

Einstein ne disait-il pas, au sujet de la logique pure, qu'aucun chemin, aucune pensée purement logique ne peut conduire à une connaissance adéquate de la réalité et que les démarches de recherche obtenues uniquement par la pensée logique sont tout simplement vides de sens[2]? Voilà qui porte à réfléchir.

Tout en ne négligeant pas la dimension objective, cet ouvrage accorde une place importante et essentielle à la dimension subjective et situe le travail de recherche dans une perspective pédagogique en harmonie avec l'environnement[3]. Dans cette perspective éducative, ce qui nous semble expliquer le mieux la situation que nous vivons présentement, c'est le manque d'outils didactiques permettant de définir la méthodologie de la recherche selon une approche holistique, sans pour autant négliger l'apport de la dimension scientifique. Même si nous savons que l'*abstraction* et la *réduction* sont les traits caractéristiques de la science et de la technologie, la manière différente de «penser» la recherche exposée dans ce guide consiste à considérer le tout comme intrinsèque et indissociable, comme un grand ensemble[4] où tous les éléments sont en interaction, l'observateur étant aussi un élément de la chaîne du processus de mesure[5].

Il existe plusieurs types de guides pour aider l'étudiant dans l'accomplissement de son travail de recherche. La plupart ont un point en commun: une approche d'apprentissage classique où l'on passe du particulier au général, dans une démarche axée sur les objectifs. En fait, ces ouvrages favorisent l'approche cartésienne réductionniste où l'accent est mis sur le contenu de l'apprentissage, sans trop accorder d'attention au processus ou à la façon d'apprendre. L'ennui, dans tout cela, ne réside pas dans le fait que **ces méthodes** réductionnistes soient fausses, mais plutôt dans le fait qu'elles soient incomplètes, trop limitées pour *connaître, voir, interpréter* la réalité actuelle, en d'autres termes pour aborder les changements qualitatifs et quantitatifs d'un univers en constante évolution.

Le présent ouvrage mise fondamentalement sur l'idée que le tout est plus que la somme des parties et que la carte géologique ne constitue pas le territoire en soi. Il est plus important, dans un cours d'introduction à la recherche, de développer des habiletés de base, le goût de la recherche, le sens des responsabilités, plutôt que d'accumuler des connaissances trop poussées sur le contenu, sans se préoccuper de comprendre comment on intègre le tout. L'assimilation doit s'effectuer progressivement et en harmonie avec la capacité véritable de l'étudiant, sa perception, sa façon de penser et de communiquer[6]. La conviction qu'un cours d'introduction à la recherche doit d'abord s'orienter sur le développement des habiletés fondamentales, sur un changement d'attitude et sur les capacités véritables de l'individu est le principal motif de la rédaction de ce guide.

La recherche, en éducation ou dans d'autres domaines, exige de l'auteur plus que des connaissances discursives; elle suppose de l'imagination, de l'intuition créative. La créativité engage la personne tout entière car celle-ci est en action et en interaction avec son environnement[6]. Le rôle du superviseur, dans le contexte de la recherche créatrice propre au zen, consiste à aider à faire toute la lumière sur une situation de recherche, à ne pas avoir peur de considérer des vérités possibles ou des facettes différentes de la vérité ni de choisir des solutions crédibles et vérifiables sur le plan empirique.

Dans tous les domaines, que ce soit en éducation ou dans une autre discipline, les recherches marquantes et de qualité sont généralement l'œuvre de chercheurs possédant de l'expérience, une bonne intuition et des habiletés pour choisir les éléments pertinents. Ces chercheurs sont motivés, *fascinés* par l'objet de leur recherche et *persévérants* dans leurs efforts. Nous verrons donc comment notre définition globale de l'apprentissage permet de réunir les habiletés et la capacité en accord avec l'idée du travail holistique.

Le paradigme de ce guide part de l'idée que tout apprentissage se compose de deux éléments: *l'un interne et l'autre externe.* L'élément interne, que l'on appelle capacité de percevoir l'idée d'un problème, de gérer l'information de façon autonome et de communiquer de façon fonctionnelle constitue le potentiel invisible du chercheur en formation, l'élément discret, tandis que l'élément externe — la manifestation de ces capacités — peut se constater, sous forme de comportements, d'habiletés intellectuelles et physiques compatibles avec l'environnement péda-gogique propre à chaque individu. Ces habiletés que l'on peut observer et développer en situation de travail de recherche sous-tendent la performance du futur chercheur. Dans l'optique du présent guide et en nous appuyant sur la philosophie zen, nous définissons le *processus du travail holistique* comme un exercice de la capacité au point de vue:

-   de l'action (manifestée par des habiletés);

-   du rapport de la capacité avec les activités de la méthode scientifique; et

-   de l'obtention d'un produit appréciable à partir de critères reconnus.

Cinq chapitres définiront de façon opérationnelle la perspective proposée par le guide: 1) le zen et la recherche créative; 2) l'organi-sation holistique et le travail de recherche; 3) le modèle holistique et les choix en recherche; 4) l'intuition créatrice et la méthode scientifique; 5) le support informatique et le travail de recherche.

Cet ouvrage se veut en somme un outil mieux adapté au nouveau paradigme de la science et de l'éducation. Il fait ressortir autant la notion de *processus de formation* que celle de *produit de la recherche.* Dans ce contexte, le processus concerne la façon d'apprendre et le produit, les résultats de l'apprentissage. Quant aux connaissances plus spécifiques que ce guide n'explicite pas, comme les techniques relatives aux statistiques, les modèles classiques expérimentaux et leurs compro-mis possibles, les notions spécifiques de validité interne et de validité externe, il existe d'autres ouvrages qui répondent adéquatement à ces contenus plus traditionnels.

Deux possibilités s'offrent à la personne qui entreprend une recherche. La première consiste à réunir tous les éléments que l'on peut situer dans l'ancien paradigme de la démarche classique: définitions, principes, etc. Elle permet de former des chercheurs en fonction d'un précédent, au moyen de connaissances spécifiques et d'une vision atomique de l'apprentissage. La voie classique est celle que nous suivons depuis trois siècles en Occident. Conçues par les tenants de la théorie du behaviorisme, que l'on retrouve dans la majorité des ouvrages de méthodologie de la recherche, la connaissance et la technologie sont le résultat d'abstractions. Ce qui peut être mesuré est accepté; ce qui se mesure difficilement est rejeté comme non scientifique et, par conséquent, inutilisable à l'intérieur de nouveaux paradigmes. Nous constatons présentement que *la science a changé le monde et continue de le faire*, mais à quel prix?

La deuxième, l'approche holistique, offre, en méthodologie de la recherche, une manière différente de «penser» la recherche. Peut-être mènera-t-elle à des résultats humainement plus acceptables que ceux de la méthode purement logique. Elle intègre l'idée que le tout est intrinsèque et que l'on ne peut pas réduire impunément la complexité d'un phénomène sans en changer le caractère. De plus, l'objet de la recherche n'est donc plus la nature en soi, mais la nature livrée à l'observation et à l'analyse de l'homme, et cet objet consiste à situer le phénomène étudié dans un contexte holistique: situations sociale, politique, économique, physique, le tout en relation avec les différents acteurs, le sujet et l'objet n'étant plus séparés une fois que l'on a pris conscience de la dualité.

Ces voies sont toutes deux valables, même si elles sont souvent présentées comme conflictuelles, ou comme un dilemme de valeur entre les réductionnistes et les holistes. Ces deux cheminements ne sont toutefois pas exclusifs. Non seulement ils ne s'excluent pas mutuellement mais ils sont complémentaires. Ce sont deux manières différentes d'appréhender la même réalité avec les mêmes éléments. Ainsi, selon la voie classique, un problème d'apprentissage en lecture ne peut s'expliquer que par une vision défectueuse, par la nervosité ou quelque problème psychologique, tandis que selon la voie holiste, les difficultés en lecture trouveront leur explication à partir de caractéristiques plus fondamentales, plus globales: les contextes familial, économique, social; le manque d'outils; l'entourage (l'école, les amis, etc.). Comme on peut le constater en y réfléchissant, les propriétés d'un phénomène ne sont pas *rattachées à des éléments disparates*, mais bien à un *ensemble*, au tout dont il fait partie. C'est pourquoi, il *importe* en recherche de viser une prise de conscience plus totale de la réalité, sans toutefois négliger la part scientifique qui est, sans contredit, *essentielle*.

Références

1   MADSEN, David, *Successful Dissertations and Thesis, A Guide to Graduate Student Research From Proposal to Completion*, Washington D.C., Jossey Bass Publishers, 1983, pp. 1-20.

2   EINSTEIN, A., *Comment je vois le monde*, Paris, Flammarion, 1975, p. 32.

3   OUELLET, A., *L'Évaluation des apprentissages à la croisée des chemins: vers une évaluation créative, dans des pratiques évaluatives*, Montréal, Les Éditions NHP, 1984, pp. 25-54.

4   LOW, Albert, *Zen and Creative Management*, Garden-City (New-York), Doubleday, 1976, p. 26.

5   CAPRA, F., *The Tao of Physics*, New-York, Fontana-Collins, 1977, p. 32.

6   STERNBERG, Robert J., *Thinking Styles: Keys to Understanding Student Performance*, Phi Delta, Kappa, janvier 1990, vol. 71, n° 5, pp. 366-372.

1

Le zen
et la recherche créatrice

Comment progresser dans son projet de recherche par la concentration?

Objectifs

L'histoire de la pédagogie nous enseigne que toute discordance entre la science et l'art, entre la pensée logique et la pensée intuitive, entre l'intellect et l'affectif, entre le réductionniste et le holiste se révèle préjudiciable à l'action humaine, à la pratique pédagogique sous toutes ses formes. Comment unir ce que l'intellect sépare? Comment intégrer des valeurs au contenu? Comment équilibrer les données de la recherche qualitative et celles de la recherche quantitative? On peut situer toutes ces questions importantes sur le plan des phénomènes antagonistes et elles peuvent trouver leur dénouement, comme le dit si bien Fromm, dans le contexte de la perception créative qui émerge d'un dilemme de valeur[1]. Pour bien situer le lecteur par rapport à une approche basée sur le zen, il importe de l'informer dès le début sur le rôle fondamental que devraient jouer les phénomènes antagonistes. Ce chapitre est, en quelque sorte, une prise de conscience des limites de la connaissance rationnelle de même qu'une manière de mieux situer le zen dans la méthodologie générale de la formation en recherche.

Dans le premier module de ce chapitre, nous aborderons les phénomènes antagonistes et les blocages inhérents à la recherche, tout en donnant une brève définition des assises de cette philosophie. Le deuxième exposera quelques situations d'apprentissage en vue d'une approche holistique, alors que le troisième module, où nous retrouverons la notion de blocage, traitera de situations pratiques à observer dans le but d'aider à progresser vers un changement de paradigme. Enfin, le quatrième et dernier module de ce chapitre permettra de comprendre le dilemme entre la recherche et l'action. Le réglage des phénomènes antagonistes apparaît, en quelque sorte, comme l'ajustement du tableau de bord du vaisseau cosmique avant d'entreprendre le départ vers une prise de conscience plus totale. Ce réglage permet de percevoir plus profondément la problématique de la recherche par rapport à soi-même.

Module 1

Les phénomènes antagonistes et les blocages en recherche

Nous sommes prêts, maintenant, à aborder à la manière holistique les questions que bien des formateurs se posent plus ou moins explicitement, plus ou moins systématiquement et que l'on refuse souvent de considérer parce qu'on les perçoit comme des *blocages absolus*. Il ne s'agit pas ici d'apporter des solutions faciles à ces dilemmes de valeur, mais bien de jeter un peu de lumière et, surtout, de montrer l'importance des blocages en ce qui concerne le réajustement des valeurs. Nous verrons aussi comment, en étant plus conscients, plus attentifs à ce qui nous arrive, en changeant notre façon de penser et nos habitudes, ces dilemmes, qui semblent irréconciliables à première vue, ne sont souvent, en fait, que deux façons complémentaires de saisir la même réalité, tout comme la lumière, en physique subatomique, peut se définir à la fois comme une particule ou comme une onde.

Le sujet et l'objet de la recherche

La recherche, en éducation, tout en stimulant notre curiosité intellectuelle, tout en nous aidant à repousser les frontières de la connaissance, ne devrait-elle pas nous rendre plus conscients de tout ce qu'il nous reste à découvrir — non à conquérir — pour maîtriser l'univers en harmonie avec nous-mêmes? L'homme n'est pas une entité séparée dans un univers créé pour le servir; il n'est que le dernier maillon, dans le temps, d'une série d'êtres avec lesquels il reste en symbiose[2]. Sur ce point, l'approche holistique favorise l'interaction du phénomène à l'étude avec l'ensemble des éléments d'un contexte écologique et procure, par le fait même, une meilleure prise de conscience des connaissances conceptuelles du système soumis à la recherche.

Pour l'étudiant en situation de formation, seule une participation plus active aux scénarios de la recherche, à partir d'activités concrètes adaptées à chacune des étapes du processus de la méthode scientifique — sans se limiter exclusivement à la démarche logique —, permet un apprentissage signifiant, existentiel. En d'autres termes, il s'agit d'un apprentissage qui ne sépare pas l'individu des éléments avec lesquels il interagit.

Le zen et l'approche multidimensionnelle

La pensée zen, dans son essence même, accorde une grande importance au milieu, à toutes les facettes de la réalité et aux divers systèmes qui les supportent. Comme l'approche multidimensionnelle, elle aide au réglage des phénomènes antagonistes. L'approche multidimensionnelle, qui se forme à partir de la superposition d'expressions singulières correspondant à des points de vue différents, apporte une dimension synergique à la recherche, et aide au réglage des phénomènes antagonistes, ces opposés nécessaires à l'intégration des choses. D'après la structure de la pensée orientale, la complémentarité des opposés est représentée par le yin et le yang: c'est une façon reconnue, en Orient, pour éclairer les différences et montrer les contrastes. Selon un adage chinois, tout est différent dans l'univers manifeste, rien n'est absolument semblable; même les électrons que nous observons dans la matière diffèrent selon la position qu'ils occupent dans l'espace et dans le temps.

L'approche systémique et l'approche holistique

Nous savons tous que le monde se compose d'éléments multiples qu'aucun cadre de référence, aussi complet soit-il, ne peut contenir à lui seul, pas plus le cadre de la science que celui de l'art, pas plus celui de la logique que celui de l'intuition. Il faut que notre curiosité explore différentes avenues pour comprendre l'équilibre de l'univers. Une façon différente de penser la recherche est donc d'accepter globalement l'idée que le tout est intrinsèque et relatif, et que l'on ne peut réduire la complexité d'un phénomène, d'un tout, sans en changer la nature. Le modèle d'une recherche est toujours déterminé et évalué par le but spécifique que le chercheur poursuit, et non par des considérations générales sur la réplique parfaite d'un phénomène. Au contraire, tel modèle est conçu en fonction d'une partie de la réalité, que l'on appelle système, et le système, en lui-même, est une abstraction, c'est-à-dire la simplification et la réduction d'une réalité.

L'évaluation de la pertinence des informations nécessaires à la recherche se fait à partir des processus d'abstraction, de simplification, de substitution, et tout cela en regard du but poursuivi: la finalité de la recherche, du système que nous avons construit. À l'autre extrémité du processus, l'approche holistique nous montre que l'on ne peut réduire un phénomène impunément, sans changer sa nature profonde et le sens de ses interactions avec le grand ensemble. Une chose importe cependant: c'est de conserver les éléments essentiels lorsqu'on simule le système d'une réalité, afin de ne pas nuire à la compréhension et au sens du phénomène dans un contexte environnemental.

Bien entendu, l'abstraction est un trait décisif de la science, de la pensée rationnelle, car pour classifier, structurer, comparer, nous ne pouvons prendre en considération toutes les caractéristiques d'un phénomène, mais seulement quelques traits spécifiques mesurables et essentiels à la compréhension d'une réalité qu'on appelle système. Mais faut-il pour autant nier ce qui se mesure et se pèse difficilement? N'est-ce pas ce que l'on fait lorsqu'on se réfère exclusivement et avec combativité aux seules méthodes cartésiennes qui ont fait leurs preuves hier ainsi qu'aux concepts qui fondent la raison: l'objectivité, la logique, l'efficacité, la technologie, la mesure[3]?

La qualité, la dualité et la polarisation

Selon les philosophes de l'Extrême-Orient, des forces antagonistes appelées Yin-Yang s'opposent à l'homme et le réglage de ces phénomènes assurerait la progression et l'amélioration du dialogue entre l'homme et l'univers des connaissances. Avant de situer ce principe didactique plus concrètement à la base de quelques positions antagonistes repérées dans le système méthodologique classique de la recherche, il importe d'expliquer d'abord la différence entre la dualité et la polarité. Nous comprendrons mieux la contribution du zen à la clarification d'un problème, du moins l'importance de rapprocher l'objet et le sujet en faisant des choix de qualité, car si l'on veut que la vraie science puisse émerger, il faut dissocier rigoureusement le sujet et l'objet.

Vous êtes chercheur, vous avez un problème à résoudre; vous et votre problème serez toujours distincts l'un de l'autre. Vous choisissez tels éléments, vous proposez telle solution, quels seront les résultats? Nous avons tellement l'habitude de cette approche dualiste qu'elle nous paraît aller de soi. Ce n'est cependant qu'une interprétation artificielle de la réalité, car si l'on accepte complètement cette dualité, c'est-à-dire cette division entre sujet et objet, on élimine la *qualité*. La différence entre un vrai et un faux problème, tout comme la différence entre un bon et un mauvais chercheur, réside précisément dans cette capacité de choisir entre les données importantes et les données négligeables en se basant sur la *qualité*.

La qualité

Cette dernière se situe au centre de la relation entre le sujet et l'objet. Elle n'est ni dans l'objet ni dans le sujet; elle est au point de rencontre sujet-objet. La *qualité*, c'est l'*événement* par lequel le sujet prend conscience de l'objet et du sujet. Nous savons tous, par ailleurs, que le principe de la dualité divise systématiquement le monde en ceci ou cela, en bon ou mauvais, en pour ou contre, en observation ou participation, en objet ou sujet, en objectivité ou subjectivité. C'est là une erreur fondamentale qu'il faut éviter. La polarité, cette prise de conscience d'un phénomène antagoniste, ne divise pas le monde non plus qu'elle représente un compromis entre deux positions opposées. Elle fait ressortir les différences entre ceci et cela, entre bon et mauvais, entre pour et contre, entre l'observation à part entière et la participation à part entière. La polarité intègre les différences; elle ne divise pas. Tout phénomène en recherche des connaissances peut être interprété comme une structure, où le sujet et l'objet de la recherche sont complètement séparés, et comme un processus dans un contexte d'interaction entre le sujet et l'objet.

C'est ainsi que les principes de la physique moderne définissent la lumière comme une particule ou comme une onde. Prenons, à titre d'exemple, le fameux dilemme de la théorie de la relativité et des quanta. Il a été résolu par le fait suivant: un physicien décide, d'une part, de mesurer avec précision la position de la particule: celle-ci n'aura alors tout simplement pas d'énergie cinétique déterminée; s'il décide, d'autre part, de mesurer sa vitesse, la particule n'aura pas de position déterminée. Les éléments, dans les deux formes d'interprétation, sont les mêmes; si l'on considère la structure, le processus disparaît et si l'on considère le processus, la structure disparaît.

Un chercheur procède de façon dichotomique selon qu'il pense à l'une ou l'autre des interprétations prises séparément. Il pense «avec polarité», de façon holistique, c'est-à-dire plus fondamentalement avec lui-même (par intuition) s'il réalise la symbiose entre le processus et la structure considérée dans l'objet et le sujet. Einstein raconte qu'il a commencé à l'âge de 16 ans à s'intéresser au phénomène de la relativité alors qu'il s'est imaginé qu'il était lui-même un faisceau lumineux se déplaçant à la vitesse de la lumière; il s'est pris lui-même pour un rayon lumineux, il s'est fait «objet». Sa démarche a été globale. Quant à l'approche classique de la méthodologie de la recherche, elle est basée sur l'idée que le chercheur doit résoudre un problème, donc trouver une solution pratique. Tout cela est vrai, à la condition que l'on n'associe pas une bonne solution à un faux problème et qu'on ne néglige pas une question non clarifiée.

L'intuition

Pour un chercheur, l'effort le plus important qui relève davantage de l'*intuition* est d'abord de clarifier le problème. La solution s'ensuit de façon logique. La clarification d'un problème et sa définition sont une démarche d'intuition, de perception et non de logique formelle[4]. Le véritable effort d'un chercheur consiste à faire ressortir les contrastes découlant d'une difficulté soulevée et *ressentie* attirant son attention, sa curiosité; il ne doit pas craindre les questions qui font ressortir les contrastes à la base d'un problème.

Souvent, les positions antagonistes se présentent d'abord sous forme de blocages externes, pour aboutir ensuite à une forme de blocage interne comme la peur, l'anxiété ou tout dilemme de valeur non clarifié. Il ne s'agit pas de les délaisser, encore moins de les fuir, car les blocages ont leur source dans la dualité; il s'agit de les accepter et de faire ressortir les différences entre les éléments, de se situer au centre de la perturbation en changeant sa façon de penser. Voilà comment, dans la perspective zen, se précise une difficulté et se définit un problème: grâce à la polarisation.

Le zen et les dilemmes de valeur

Comment résoudre les dilemmes de valeur par la pensée zen? Les deux principales méthodes inspirées du zen (la chinoise et la japonaise) qui permettent de percevoir la solution du problème dans un dilemme et d'augmenter l'expérience de la capacité sont l'*humiliation* et le *koan*. Par l'humilité, nous prenons volontairement conscience de nos forces et de nos faiblesses; nos illusions lâchent prise. Le koan, pour sa part, se base sur des phrases pour illustrer le dilemme. Dans les deux cas, on veut aider la personne à prendre conscience des mobiles qui la pousseront à poser des actes, à avoir un comportement juste. C'est en cela que réside la grande valeur du zen. Il faut se plier cependant à un entraînement difficile, car on peut consacrer sa vie entière à tenter de clarifier certains dilemmes sans y arriver. À titre d'exemple, considérons le problème relié à la question de l'avortement: celui-ci comporte un dilemme de valeur tellement grand qu'il ne sera peut-être jamais totalement résolu dans une société même si tous les intervenants consultés prennent leurs responsabilités. On en restera au stade de l'ambiguïté.

Notre démarche ici ne vise pas à initier le chercheur au zen ni à essayer de définir l'esprit du zen, mais seulement à expliquer pourquoi celui-ci aide à percevoir un problème à partir de la force créatrice qui en émerge quand on a la capacité de *faire ressortir les différences*. Il n'y a pas de créativité possible sans quelque destruction préalable; en d'autres termes, tant que l'on demeure en sécurité sur ses positions, rien de nouveau ne se produit.

Or, l'homme est à l'affût de l'innovation, des connaissances nouvelles; il est un être créatif parce qu'il peut dialoguer à partir de tout et de rien. C'est ce que nous appelons la *perception créative. Et le zen, c'est la créativité dans un dilemme, devant un obstacle* [5]. Quand nous sommes dans une impasse totale, nous avons tout et, en même temps, nous n'avons rien. Le problème se trouve là, de même que la solution: ce n'est pas parce que «je» ne connais pas la solution qu'elle n'existe pas.

Le superviseur zen cherche donc à éveiller l'étudiant en formation à la notion du tout et à celle du complexe. En même temps, il analyse les dilemmes et les blocages. Il sait que c'est uniquement au centre d'un dilemme que la perception créative est possible. Le superviseur doit aider le chercheur en formation à surmonter les obstacles dans un dilemme, à *connaître*, et à *voir* clairement les différences créées par les phénomènes antagonistes. On connaît par la logique, par le rationnel et l'on voit par la perception.

Module 2
Les situations antagonistes et l'apprentissage en recherche

La réalité se présente sous deux formes: l'aspect objectif et l'aspect subjectif. Ainsi distingue-t-on l'image d'un arbre de l'arbre lui-même. Le véritable apprentissage suppose l'interaction de l'esprit et de la matière; il suffit de se placer dans un état d'esprit réceptif pour différencier les choses.

L'observation et la participation dans l'apprentissage holistique

L'approche holistique ne rejette pas le besoin d'observation au profit de celui de la participation; au contraire, elle cherche à en atténuer

l'importance par une participation plus active. La notion de *participati*
et *observation*, en théorie quantique, n'a été formulée que récemment par
la physique moderne; cependant, elle est connue dans n'importe quelle
discipline. La connaissance véritable ne peut jamais être obtenue par la
simple observation. Elle nécessite absolument la participation de tout l'être.
Il est donc essentiel d'inclure la conscience humaine dans sa description du monde. Ce point sera étudié plus profondément dans le quatrième
chapitre.

Selon la perspective relativiste, lorsque nous explorons la nature, en
quête d'information, il n'est pas facile d'isoler un phénomène de son contexte pour l'étudier. Tout est constitué comme un réseau serré de relations
très complexes et chacune de ces dernières est perçue par un observateur
comme une fin en soi. C'est pourquoi nous disons que l'observateur humain constitue le dernier maillon de la chaîne du processus d'observation:
la propriété d'un phénomène est toujours fonction de l'interaction entre le
phénomène et l'observateur. Cela signifie donc que le dualisme cartésien,
cette séparation entre l'observateur et l'objet, ne peut plus être considéré
sans réserve dans le cas des études d'interaction et de changement qualitatif, car cette façon de penser s'avère incomplète lorsqu'on l'applique à la
réalité. Autrement dit, l'idéal classique de la seule description objective
d'un phénomène n'est plus valide. Il ressort de tout cela qu'en science, en
recherche et en évaluation, nous ne pouvons plus parler du «comportement» d'un phénomène sans simultanément parler de nous-mêmes. La solution d'un problème de recherche est inextricablement en relation avec la
solution de nos propres problèmes, avec la manière dont nous sommes capables de résoudre les difficultés de la vie quotidienne[1].

Le milieu ambiant de l'univers naturel où évolue un phénomène est
d'une complexité infinie, d'une fragilité qui le rend peu manipulable. C'est
un monde multidimensionnel, englobant des domaines de recherche sans
frontières. Par conséquent, nous ne pouvons pas séparer l'observateur du
phénomène observé: nous parlons donc d'un monde de participation[2],
d'observation participante, de recherche-action, de recherche qualitative,
d'engagement de l'observateur.

Comment choisir les éléments les plus appropriés à sa recherche lorsque
l'on sait de façon pertinente qu'un élément n'est jamais séparé d'un ensemble[3]? Nous comprenons en effet un phénomène avec toute notre personnalité. Ce que nous en captons, ce que nous voyons, entendons, sentons, touchons et goûtons n'est pas le phénomène lui-même, mais bien le
phénomène soumis à notre capacité d'*être à l'écoute* des phénomènes étudiés. Connaître et voir sont deux concepts différents; nous connaissons par
l'observation et nous pouvons voir réellement par la participation de toute
notre capacité perceptuelle[4].

tout tandis que l'intellect concerne les parties. Savoir reconstituer le tout avec l'ensemble des parties est une question de perception juste, et la matière ne peut exister sans la conscience du fait de cette imbrication, et vice versa. Nous sommes constamment «bombardés» d'informations. Selon la théorie holographique, notre cerveau ne les reçoit pas localement; elles sont redistribuées sur toute l'étendue de notre champ perceptif. C'est le premier état de la conscience: la perception sensorielle. Il arrive souvent que le chercheur, à cause d'une mauvaise évaluation de ses habiletés par rapport à sa capacité, à son potentiel véritable, n'en utilise qu'une partie. Une telle situation l'empêche de se représenter clairement la problématique de sa recherche.

Le *stress* est également un élément perturbateur. Il peut émerger de n'importe quelle circonstance susceptible de surgir en recherche ou ailleurs. Le sur-stress ou le sous-stress proviennent de nombreux *éléments d'information* que nous n'arrivons pas à harmoniser. Ces éléments sont soit les paradoxes et les dilemmes de valeur, soit la peur, l'ennui, l'impatience, etc. Par exemple, nous voulons consacrer beaucoup de temps à la recherche tout en conservant nos activités habituelles. Nous ne voulons que profiter des avantages d'une situation et en négliger les inconvénients, ce qui engendre des situations perturbatrices.

Le stress, comme tous les autres maux, porte en lui-même ses propres remèdes. Nous devons toutefois prendre la peine d'être attentifs à ce qui nous arrive pour conserver une certaine vigilance et demeurer toujours à un niveau optimal de stress.

La solution la plus intéressante, en matière de stress, a été énoncée dès l'Antiquité par Socrate lorsqu'il a dit: «Connais-toi toi-même». Nous verrons cependant que cette connaissance de soi, selon la perspective zen, comporte infiniment plus d'éléments que nous ne le supposons généralement. Il n'y a pas de solution immédiate ou externe aux problèmes de stress, d'anxiété et d'angoisse. Chacun doit apprendre à reconnaître son seuil de tolérance au stress et son potentiel énergétique. On peut toujours donner au monde de nouvelles structures économiques, sociales, juridiques, religieuses et éducatives; mais si, parallèlement à ces nécessaires réformes de surface, on ne procède pas à la transformation essentielle des processus du cœur et de l'esprit, les efforts de recherche seront déployés en vain. Il faut que chacun comprenne «individuellement» comment être d'accord avec soi-même, quels sont ses valeurs, son style d'apprentissage, ses limites et son propre processus décisionnel[6].

La communication   La capacité inclut la sensibilité dans la *communication* avec l'*environnement*: c'est là le troisième élément de la capacité. Pouvoir réaliser une recherche suppose la capacité de percevoir une idée dans un tout, de garder cette idée en présence d'un dilemme, de pouvoir travailler avec un niveau de stress optimal au centre d'une perturbation. Selon Rogers, il n'y a pas de communication véritable sans cette capacité d'être à l'écoute de ce qui arrive et de se mettre en relation avec les autres systèmes. Il n'y a pas nécessairement une relation entre le besoin de communiquer et la façon de communiquer[7].

Certaines personnes sont aptes à percevoir un problème de manière intuitive et à garder leurs idées dans un dilemme. Elles sont, par contre, inflexibles dans leur façon de communiquer et leur comportement *n'est pas* conciliable avec l'environnement. Il leur manque la capacité de répondre au changement par l'empathie. Sans cette dernière, sans cette forme de connaissance d'autrui, comme le dit si bien Rogers, il y a *inter-action*, mais pas de *communication* ni de réciprocité véritable.

La capacité constitue en quelque sorte l'élément interne de l'apprentissage et elle se manifeste par la performance qui en est l'élément externe visible. Le rôle du superviseur zen consiste à montrer ce potentiel à l'apprenant, à créer des *situations effectives d'apprentissage* pour que sa capacité se manifeste par des habiletés intellectuelles et physiques qui se révéleront ensuite au cours de la performance.

Les habiletés, les expériences et l'environnement

La performance C'est la dimension behavioriste externe de l'apprentissage, ce que l'on peut voir, mesurer et apprécier de fait. En recherche, la performance peut se définir comme le processus permettant de libérer la capacité, grâce à des habiletés fondamentales orientées vers des tâches compatibles avec la personne. Tout comme la capacité, la performance comprend trois éléments: des *habiletés spécifiques (skills)*, des *expériences éducatives* et un *environnement adéquat*.

Les habiletés spécifiques (*skills*) physiques et intellectuelles sont les premiers outils dont on se sert pour exprimer les idées qui entourent les concepts opérationnels. Elles permettent à la personne de quantifier un plan, l'expérience éducative fournissant la base et les structures qui font intervenir toutes les dimensions de la personne dans la transformation de ce plan en action. La compatibilité permet enfin de vérifier si ce qui a été développé par les habiletés à travers les expériences éducatives comme la culture, les croyances, le sexe, la religion, le style, etc. est conciliable et cohérent sur le plan de l'environnement et avec soi-même[8].

La connaissance rationnelle et l'autonomie en recherche

Comme l'ensemble de la spiritualité orientale — hindouisme, bouddhisme, taoïsme —, le zen nous enseigne l'harmonie entre tous les éléments de l'univers. Ces modes de pensée spirituelle ont une base commune: l'unité fondamentale et la totalité. Le processus de prise de conscience englobante d'un phénomène part de l'individu, va vers le phénomène observé et revient vers l'individu. Aujourd'hui, il apparaît que les solutions aux problèmes de la recherche et de la méthodologie sont inextricablement liées à la solution de nos propres problèmes et à notre degré d'autonomie, à la connaissance de ce que nous sommes ainsi qu'à nos croyances. Nous savons depuis toujours que l'esprit humain est capable de deux modes de connaissance: le rationnel et l'intuitif. Ces derniers sont souvent, à tort, associés respectivement à la science ou à la connaissance de même qu'à la religion ou aux croyances.

Nous devons nous tourner, comme l'explique Bohr[9], vers les problèmes épistémologiques en présence desquels des penseurs comme Bouddha et Lao-Tseu se sont retrouvés, et essayer d'harmoniser notre situation de spectateur et d'acteur. Selon la vision holistique orientale, le monde est conçu de façon organique. Tous les objets sont interdépendants. Notre tendance occidentale à percevoir le monde en objets séparés et à nous éprouver en tant que sujets isolés de ce monde est une illusion provenant de notre apprentissage de la connaissance, laquelle se fait par l'abstraction. Malgré la meilleure volonté du monde, il reste que les termes reliés à cette connaissance rationnelle dérivée de l'empirisme sont très limités et n'expriment qu'une partie du champ de vision de la réalité, c'est-à-dire que le tout est plus grand que la somme des parties. Comment ne pas tomber dans le piège du réductionnisme, notre représentation de la réalité étant tellement plus facile à saisir que la réalité elle-même?

Des maximes célèbres ont été formulées sur la connaissance par de grands esprits, tant en Occident qu'en Orient, et sont assez caractéristiques de ces deux formes de connaissance. Le philosophe grec Socrate a formulé ce célèbre adage: «Je sais que je ne sais rien» et en Chine, c'est Lao-Tseu qui a énoncé ce trait d'esprit: «Mieux vaut ne pas savoir que l'on sait.» En somme, la connaissance rationnelle est nécessaire pour exprimer l'idée en mots, mais elle n'est pas suffisante; elle doit être complétée par l'intuition créative du chercheur, car c'est ce qui lui donne tout son sens.

Lorsqu'un étudiant-chercheur suit aveuglément les pas de son maître, sa démarche d'imitation peut être la plus concrète, la plus littérale, la plus logique sur le plan de la connaissance, mais, en même temps, être la plus superficielle sur le plan de l'autonomie, puisqu'il peut suivre les traces du maître sans but véritable, sans orientation personnelle, sans avoir le goût et l'occasion de changer ses habitudes ou son style de pensée. Quelqu'un a dit: «Je ne veux pas suivre les traces de mes ancêtres, je veux trouver ce qu'ils cherchaient à voir[10].» C'est pourquoi, lorsqu'on aide un étudiant dans sa démarche de recherche, on doit aussi lui montrer les limites des connaissances rationnelles obtenues par les méthodes scientifiques.

Ces limites ont été clairement démontrées et mises en évidence dans le développement de la physique moderne. Selon l'expression de Heisenberg, chaque mot ou concept, aussi clair qu'il puisse paraître, n'offre qu'un champ d'application limité[11]. D'autre part, nous sommes en accord avec les nouvelles théories de la science de la conscience qui prônent que les descriptions individuelles restent sans signification si elles ne sont pas reliées aux deux formes de la connaissance et à la totalité de l'Être[12].

La pensée holistique et la démarche scientifique en recherche

Dans les lignes qui suivent, où l'on mettra en relation la pensée holistique et la pensée scientifique, nous montrerons comment ces dernières s'associent pour former un tout en matière de connaissances et, ce qui importe le plus, comment on les retrouve à l'intérieur d'une démarche de recherche systémique.

La *pensée holistique* peut se représenter par la combinaison de quatre méthodes complémentaires: l'hypothèse, l'analyse, la synthèse et la globalisation. Ces méthodes s'associent pour former des processus, c'est-à-dire des interactions. En apprentissage, ces méthodes doivent être comprises de façon holistique et non linéaire, tout comme les procédés déductifs et inductifs sont inséparables de la méthode inductivo-hypothético-déductive (I.H.D.)[13].

L'hypothèse et le processus scientifique

L'outil essentiel de la science repose sans aucun doute sur la qualité la plus fondamentale de l'esprit humain, l'imagination, laquelle se manifeste par la pensée hypothétique, comme s'il s'agissait d'un bond de l'esprit. Dans ce sens, l'hypothèse est une forme de pensée au même titre que la globalisation, l'analyse ou la synthèse et elle fait partie d'un processus. Au cours d'une démarche de recherche holistique, ces formes de pensée sont interdépendantes et se supportent mutuellement pour constituer le pivot de l'induction et de la déduction. L'induction et la déduction peuvent s'apprendre contrairement à l'hypothèse. C'est une forme de pensée qui est le résultat de l'imagination créative.

L'analyse et la synthèse

L'analyse et la synthèse sont deux formes de pensée en relation d'interdépendance. La synthèse, sans l'analyse, constitue une démarche privée du sens de l'immédiat, du partiel, alors que l'analyse, sans la synthèse, est une démarche privée du sens du médiat, de la vision de l'ensemble, du tout. Associer l'analyse et la synthèse, c'est faire progresser la recherche vers le concret, le partiel, le visible, en même temps que vers l'abstrait, le général, l'universel, l'invisible. Dissocier ces deux formes de pensée, c'est couper la recherche de ses racines, des paradigmes qui la supportent, du tout.

La globalisation et l'hypothèse

Le rôle de la pensée logique est reflété par la structure mathématique des théories, et il est tout aussi nécessaire que la pensée globale se retrouve dans l'imagination créative pour trouver des hypothèses de solution. Voilà pourquoi l'imagination a toujours été un outil indispensable à toutes les sciences. Une théorie ne se construit pas sans hypothèse et cette dernière repose sur l'imagination créative, la globalisation. L'hypothèse, ou spéculation, constitue l'outil de base d'un travail scientifique; sans l'hypothèse, il n'y aurait pas de science véritable, car celle-ci est le résultat d'un talent individuel qui s'apparente à des aptitudes en littérature ou en philosophie[14].

Selon la *démarche scientifique* moderne, l'acte créateur est constitué de quatre étapes successives: la détermination d'un problème, la réflexion, l'illumination et la vérification. Tous les phénomènes sont en constante évolution et en interaction dans la nature et, malgré le fait qu'ils se déroulent simultanément, notre système d'abstraction conceptuel ne sait ni décrire ni comprendre cette réalité. C'est pourquoi nous procédons par étapes, de façon systématique, sans pour autant négliger le rôle de la pensée holistique.

La découverte d'un problème

Une difficulté surgit dans l'esprit de l'observateur et stimule sa curiosité; il y a une association plus ou moins consciente, selon sa perception. C'est le début du processus de recherche, c'est-à-dire un *jaillissement de l'esprit* dans toutes les directions devant un phénomène.

La réflexion

Le chercheur fait la cueillette des données qualitatives et quantitatives et essaie de les organiser suivant une structure, un système réfléchi, organisé et achevé. C'est le processus *analytico-synthétique* et *synthético-analytique* qui donne un sens plus général, plus réfléchi à l'intuition, tout en conservant certaines directives.

L'illumination

Au cours d'inspirations brèves, l'esprit élabore des hypothèses de solution pour expliquer une difficulté en rapport avec le fonctionnement d'un phénomène. Il fait des spéculations et les données se structurent, se modélisent. C'est la solution du problème, et l'hypothèse fonctionnelle retenue sera soumise par la suite à un test empirique en vue d'un contrôle. Signalons que la notion d'hypothèse fonctionnelle peut être comprise dans le sens de modélisation.

La vérification

Le tout est reformulé en termes précis pour être confronté à la *réalité de l'expérience*. La solution proposée est éprouvée à partir d'un modèle empirique quant aux aspects objectifs et subjectifs de la réalité. Einstein soutenait que l'expérimentation représente le test ultime de la validité de l'idée scientifique; cependant, la science de l'idée est quelque chose d'autre, et il n'existe pas de pont logique entre les phénomènes et les principes pour les expliquer. De plus, l'expérimentation englobe l'observation participante et la mise à l'épreuve de l'hypothèse; c'est plus que la vérification à l'aide de schèmes classiques[15]. Ces derniers ne sont qu'une façon de vérifier la solution. Les expériences parallèles, les relations avec les autres connaissances s'effectuent de façon logique et systématique[16]. Voilà pourquoi nous pensons qu'il importe de comprendre les rôles complémentaires de la pensée holistique et de la pensée systémique, de même que les formes de pensée inhérentes aux étapes systématiques de la méthode scientifique, si nous voulons arriver à une connaissance complète de l'être humain et de son univers.

Module 3
Les circonstances antagonistes et la recherche holistique

La compréhension des phénomènes antagonistes et l'acceptation globale des aspects objectifs et subjectifs de la réalité aident à mieux percevoir ce que nous cherchons. Différentes disciplines ont traité de ces aspects. Dans une démarche de formation plus holistique, nous pouvons profiter de diverses circonstances pour changer notre façon de penser.

Les concepts holistiques ne sont pas nouveaux. On les retrouve dans toutes les disciplines: médecine, Pelletier[1]; conscience, Ferguson[2]; astronomie, Sagan[3]; biologie, Laborit[4]; génétique, Jacquard[5]; évaluation, Ouellet[6]; systémique, Le Moigne[7]; apprentissage, Rogers[8], pour ne citer que quelques exemples. Quant à la méthodologie de la recherche, plusieurs raisons justifient notre prise de conscience vis-à-vis du paradigme holiste. Le nombre de ces raisons importe peu; ce qui compte le plus, c'est de savoir que le paradigme cartésien ne peut à lui seul aider l'étudiant à progresser vers un équilibre plus stable entre la recherche qualitative et la recherche quantitative. Une façon d'y arriver consiste à résoudre des dilemmes de valeur en rapport avec certains paradoxes souvent perçus comme des conflits entre holistes et réductionnistes.

Dans le premier module de ce chapitre, nous avons fait ressortir quelques principes pédagogiques relativement à une méthodologie holistique d'apprentissage, alors que dans le deuxième, nous avons énoncé quelques principes didactiques pour appuyer cette pédagogie. Dans le troisième module, nous présenterons, dans le sillon de ce Tao, quelques dilemmes repérés dans certaines circonstances pratiques et présentées sous forme d'assertions. Ces dilemmes peuvent aider l'étudiant à prendre conscience de sa capacité véritable. Il pourra s'interroger sur son aptitude à changer de paradigme, sur ses réactions, sur sa façon de penser les vieux problèmes. Pour y arriver, il lui faut faire précéder chacune des assertions ci-dessous de la question suivante: Est-ce que je suis capable de...?

Changer ma façon de penser et mes habitudes

Être disposé à s'adapter aux *changements qu'impose un travail de recherche* sur le plan des habitudes personnelles apparaît essentiel. Souvent, l'étudiant veut bien entreprendre un tel travail, mais il n'est pas prêt à faire les changements nécessaires pour affronter les difficultés et prendre conscience de ses responsabilités; il ne peut mobiliser son énergie. La résidence imposée dans certaines universités peut être un moyen efficace pour aider l'étudiant à se consacrer davantage à ses activités de recherche, à ancrer son travail, à le planifier. Quiconque souhaite obtenir un changement durable dans sa façon de fonctionner a besoin non pas de changer ce *à quoi* il pense, mais bien sa façon de le penser.

Pour parvenir à ce changement, il faut se concentrer et faire des choix parmi ses activités. Bien qu'ils acceptent, au départ, de consacrer le temps nécessaire à leur travail de recherche, beaucoup d'étudiants oublient qu'il faut faire des choix et même remettre en question certaines activités quotidiennes. La gestion du temps est un facteur de réussite notoire en recherche, comme dans toute activité.

Faire des choix judicieux et pratiques

Il faut s'efforcer d'effectuer de bons choix par rapport au but poursuivi. Une recherche scientifique doit viser à améliorer certaines conditions de vie, conduire le participant à de nouvelles connaissances de lui-même et de son milieu, dans un domaine particulier. Il ne peut pas «tout étudier»; il doit choisir parmi ses activités, celles qui sont urgentes ou essentielles et qui ont un rapport direct avec le but poursuivi. L'évaluation du modèle de la recherche se fait toujours à partir du *but et non à partir de considérations générales*. La science, pour progresser, doit abstraire, préciser, ordonner, s'appuyer sur une base théorique. Cependant, toute théorie nécessite des applications pratiques. Le chercheur doit donc choisir entre tel ou tel élément, décider et résoudre des dilemmes.

La recherche n'est pas un amas d'activités disparates non coordonnées, sans relations opérationnelles entre les éléments que l'on veut observer. Elle exige, au contraire, de la concentration et celle-ci n'est pas le fait de penser très fort ou d'avoir beaucoup d'activités, mais bien le fait de réfléchir pour *prendre conscience d'un problème, d'y porter un regard neuf*, de vérifier la pertinence de nouveaux paradigmes, de s'informer sans préjugés, de changer ses habitudes de penser et d'agir. Sans cela, la recherche n'est qu'un simple amalgame de concepts ou une tentative d'innovation sans fondement et non un véritable *travail intellectuel* susceptible d'améliorer les connaissances.

Communiquer les résultats de ma recherche de façon compréhensible

Une perception adéquate du problème s'avère essentielle pour partir du bon pied et proposer ensuite une solution convenable. Ces exigences satisfaites, il faut être capable de communiquer ses résultats à la communauté scientifique: c'est l'art de la rédaction d'un travail de recherche. Celui-ci ne doit pas prendre la forme d'un long monologue. Il existe des façons pertinentes de communiquer ses idées au moyen d'un réseau cohérent et d'interpréter de manière compréhensible et sensée les résultats de la recherche en *fonction des besoins*. Généralement, *l'organisation du contenu en chapitres est un moyen efficace* pour faire comprendre à la communauté scientifique et à la collectivité l'impact possible de sa recherche sur l'avancement des connaissances. Ne pas oublier, comme disait le poète Boileau au XVIIe siècle, que «ce que l'on conçoit bien s'énonce clairement (...) et les mots pour le dire viennent aisément».

Organiser mon travail de recherche dans le temps et l'espace

Il est nécessaire, en outre, *d'organiser son travail selon des activités réparties dans le temps*. Le temps est un élément crucial, de même que la planification, la durée des activités et leur agencement. Souvent, l'étudiant tarde trop à faire progresser sa recherche en partie ou en totalité. Il peut alors éprouver de la difficulté à clarifier le problème à l'étude, à le solu-

tionner, à le formuler ou à en organiser les étapes. Peu importe la raison
— *qu'elle soit reliée au manque de savoir-faire concernant la planification
ou à la négligence* —, d'autres facteurs peuvent jouer contre l'étudiant si
la recherche traîne en longueur. Il se peut, à cause d'une perte de temps
trop grande, qu'il soit obligé de changer de directeur de recherche, voire
de sujet à cause d'un changement de contexte. Même si on croit que le
temps aide à assimiler la théorie, il ne faut pas abuser, car on risque de se
faire prendre au piège, de confondre le temps et l'espace.

Concevoir la supervision de façon attentive et autonome

*Organiser une situation effective d'apprentissage de la recherche qui
soit cohérente avec le but visé est essentiel.* Une situation d'apprentissage
effective est un lieu: la maison, l'université, un local quelconque où
l'apprenant s'installe pour réaliser son travail. Les éléments clés d'une situation effective sont le temps, les activités, les ressources nécessaires. La
situation devrait contenir un minimum d'éléments, de ressources pour assurer l'autonomie de l'étudiant[9]. Il semble pour le moins insensé de parler
d'autonomie si, au départ, la situation *ne contient pas un minimum
d'activités dont l'apprenant doit assumer la responsabilité.* Recevoir un
maximum d'attention de son directeur de recherche et disposer aussi d'un
maximum d'autonomie représentent un dilemme dont il faut sortir. Il n'existe
pas de règle absolue pour ce faire. Différentes expressions peuvent être
synonymes d'autonomie: être motivé au travail, se prendre en main, participer, s'engager pleinement. Tout cela nous aide à comprendre le sens
du mot «autonomie». Mais attention! On n'acquiert son autonomie qu'en
surmontant graduellement les obstacles l'un après l'autre à chaque étape
du processus de la méthode scientifique, chaque étape constituant un
système avec ses activités propres.

Partager les responsabilités entre les différentes forces en présence

*Équilibrer les différentes forces motivationnelles qui interagissent en
recherche est un défi.* Il y a, en effet, au moins quatre forces en interaction
qui doivent s'équilibrer afin de partager équitablement les niveaux de

responsabilité: *l'étudiant en formation, l'université, la société et le maître-formateur.* Tout cela consiste en un champ de force et l'étudiant doit en trouver le centre de gravité. C'est ce qui lui permettra d'éprouver une certaine sécurité, de jouer son rôle véritable et de participer à sa propre formation.

Le jeune chercheur doit acquérir la compétence, développer des habiletés et un savoir-faire essentiels pour réaliser lui-même son travail. L'université doit conserver le rôle de gardienne de la qualité des standards de recherche. La collectivité, quant à elle, attend des résultats concrets, de nouvelles connaissances, des outils, des progrès pour améliorer la condition humaine, qu'elle soit sociale, politique, technologique ou autre. En somme, c'est une contribution globale, un choix fait en regard d'un besoin, et qui aura des répercussions positives sur l'ensemble de la communauté. Quant au maître-formateur, son rôle consiste à aider l'étudiant non pas en lui disant quoi faire, mais en l'appuyant dans sa démarche d'apprentissage, en lui indiquant la place de ces quatre forces dans le système de la recherche.

Chacune des forces mentionnées ci-dessus tend à prendre de l'expansion. Il s'agit donc de trouver un juste équilibre et, en cas de conflit, il faut chercher, parmi ces forces, la difficulté qui nuit à l'équilibre.

Module 4
Les positions antagonistes
et la recherche-action

Nous constatons que les difficultés d'adaptation entre la recherche et l'action ne peuvent s'expliquer uniquement par les connaissances de l'objet de la recherche et de la démarche logique, mais aussi et essentiellement par l'attitude du sujet connaisseur envers certains blocages[1].

Que la pensée dualiste ait triomphé en Occident n'empêche pas le fait que de grands esprits se sont préoccupés, dans toutes les civilisations, d'échapper au carcan de la *raison pure.* Citons Blyth[2] et Bohr[3], qui ont œuvré réciproquement dans deux domaines qui semblent opposés sur le plan de la raison pure: la littérature et la physique. De la même manière, le zen, en tant que discipline axée sur la concentration, est avant tout un refus de l'intellectualisme pur. Celui qui le pratique sait que l'expérimentation seule est la condition essentielle et, par expérimentation, il n'entend pas seulement un objet d'étude séparé de lui-même, mais plutôt une intégration en lui-même.

Comment peut -on faire une recherche sans être dans le monde, puisque selon la conception existentielle-phénoménologique, le monde ne peut exister sans une conscience pour le percevoir et vice versa? Connaître, ce n'est pas savoir appréhender le monde hors de soi-même, c'est-à-dire «ce monde-là», alors que «moi, je suis ici maintenant». Ce n'est pas non plus «me» connaître, au sens général du terme, car «me» connaître, dans cette optique, c'est connaître mon passé, qui j'ai été. «Me» connaître, c'est connaître qui «je suis», en relation avec la réalité qui fait l'objet même de la recherche des connaissances. Cela est possible par la perception. Une progression dans cette direction n'est accessible que par une meilleure participation à l'effort de la recherche, c'est-à-dire par la polarisation de l'action humaine et des stratégies empiriques.

Le zen est considéré comme une discipline qui potentialise notre perception, notre capacité d'autonomie et d'adaptation entre la *recherche* et l'*action*. Il suscite un intérêt marqué dans différents milieux de l'activité humaine comme en psychologie, en linguistique, dans les sports, en management, en santé, voire dans les arts en général. Pourquoi ne pas se permettre d'imaginer une contribution possible du zen dans le domaine de la méthodologie de la recherche? Le danger d'établir une dichotomie entre les recherches et les actions réciproques comme la recherche militaire et la décision politique, la psychosociologie et la publicité, la mise en marché et l'entreprise, le développement et l'environnement, l'enseignant et l'apprenant est mis largement en évidence dans différents écrits sur la méthodologie de la recherche[4,5].

Les enjeux de la position sociale et politique du chercheur dans tous les domaines sont de taille et peuvent aider à résoudre les dilemmes de valeur[6,7]. Ses choix paradigmatiques en ce qui concerne les mesures normatives, les méthodes de recherche et les techniques disponibles ne peuvent se faire sans une clarification des valeurs au niveau des concepts[8]. Ils exigent aussi de comprendre le sens véritable de la notion d'observation participante[9]. Tous ces dilemmes peuvent être résolus indirectement par une démarche plus fondamentale en méthodologie de la recherche.

Les clés méthodologiques d'une participation

Une démarche fondamentale repose sur les trois clés méthodologiques suivantes: 1) Comment stimuler la curiosité intellectuelle, l'imagination créatrice[10,11,12] par des échanges plus imaginatifs entre le superviseur et le supervisé? 2) Comment intégrer l'effort systématique de la recherche dans une approche holistique (du grec *holos*, «tout entier»)? 3) Comment organiser un microsystème d'apprentissage, c'est-à-dire une situation effective et performante, afin que le chercheur en formation soit davantage à l'écoute de son apprentissage[13]? Comme le dit Rogers, il y a deux modes d'apprentissage: celui qui engage l'esprit — le plan cérébral, la logique — et celui qui engage la personne tout entière — le signifiant, l'existentiel[14]. Dans ce guide, l'approche holistique du travail de recherche vise à permettre à l'étudiant de découvrir son propre processus et de s'y concentrer à partir de son style cognitif, de son style affectif et de sa physiologie[15,16]. Une autre préoccupation importante dans le processus de l'évaluation formative[17] est de faire comprendre que l'objectif premier de la science n'est pas la domination de l'univers, mais sa maîtrise de façon harmonieuse[18].

La concentration sur la recherche et non la dispersion

Le besoin de se concentrer, d'être plus attentif à la relation sujet-objet est la principale raison d'être de ce guide de recherche; c'est pourquoi je me suis inspiré de la pensée zen pour établir les assises de ce principe de base. L'essence même du zen, c'est le zazen: «za» qui signifie «assis» et «zen», «se concentrer». Rassurez-vous, le zen n'est ni une philosophie, ni une religion, ni de la méditation, ni une secte, mais bien une attitude d'esprit. Le zazen, comme dit Koestler, permet de reculer pour mieux s'élancer[19]. Cette attitude aide à progresser dans la clarification des problèmes dont nous avons hérité, entre autres, de la science et de la technologie, et qui semblent insurmontables par les seuls moyens rationnels que nous connaissons et qui ont fait leurs preuves plus particulièrement dans le passé[20].

Par ailleurs, il n'est pas nécessaire de tout savoir sur le zen. Il suffit pour l'instant de comprendre, même si on ne veut pas s'adonner à la pratique de cette discipline fondamentale, que celle-ci est étroitement reliée à la recherche créative parce qu'elle favorise la concentration[21]. Cette dernière permet l'interaction des principaux éléments à l'intérieur d'un grand tout, dans un système finalisé, comme le dit si bien Laborit[22]. Être concentré, c'est aussi, selon Jacquard, accepter les descriptions holistiques et réductionnistes[23], c'est l'ici et le maintenant[24,25,26,27,28]. C'est la possibilité d'organiser une situation effective d'apprentissage où l'apprenant se livre à des activités ordonnées permettant de progresser étape par étape tout au long de sa recherche.

Au-delà des contraires

Le zen nous aide à comprendre la double nature du monde — un monde de dualité auquel la pensée ne peut échapper. Après une vie d'effort, on peut y arriver. La base de la philosophie zen — qui a ses sources en Orient — est fort simple: c'est le Yin-Yang, c'est-à-dire l'ambivalence de chaque chose, de chaque situation de recherche, de chaque état d'esprit qui l'anime. Autrement dit, chaque entité a deux pôles et contient son contraire ou son opposé: jour/nuit, homme/femme, guerre/paix, bon/mauvais, scientifique/holistique, qualitatif/quantitatif. C'est aussi la conclusion à laquelle, après de longues recherches, est arrivé l'historien anglais Toynbee[29,30].

Des phénomènes antagonistes, il s'en trouve à tous les instants de la vie quotidienne, dans les relations familiales, dans la vie sociale ou politique. Pourquoi n'y en aurait-il pas en recherche? Le besoin de connaître est dans la nature des choses et la perspective du zen peut servir de norme universelle pour appréhender la réalité et ses vérités, tout en éliminant les blocages.

En ce qui concerne les contraires, nous pouvons énoncer quatre propositions qui ne constituent pas un dogme, mais qui s'appuient sur la vie courante. Premièrement, chaque élément existe en raison d'un autre, qui est son contraire de même que son aspect *complémentaire*. Ainsi, on ne saurait dissocier noir de blanc, grand de petit. Si nous comprenons cette évidence, elle nous aidera à sortir de la position fausse dans laquelle nous nous sommes placés pour connaître.

Deuxièmement, la complémentarité est particulièrement vraie en psychologie. Chacun a besoin de l'autre pour se compléter. Nous nous rendons compte que nous avons même besoin de ce que nous détestons, de ces aspects de soi que nous essayons de reléguer aux oubliettes dans notre inconscient, car ils nous apparaissent indignes de notre masque.

Troisièmement, il n'est pas nécessaire d'avoir un attrait marqué pour le mysticisme pour s'apercevoir que chacun est, à un certain égard, l'autre.

Quatrièmement, la tension inhérente à la dualité entre l'attraction et la répulsion qui s'exerce sur les gens, les circonstances, les situations et les positions est acceptée comme une force motrice de la croissance et du développement, et elle ne doit pas être repoussée comme une source de souffrance[31].

Le zen et la recherche

L'approche découlant de l'association du ZEN et de la RECHERCHE n'est pas utile pour trouver des solutions faciles à de faux problèmes; elle aide plutôt l'étudiant en situation de formation à clarifier le problème d'abord et en conformité avec ses capacités véritables, tout en donnant un sens à l'objet de la recherche scientifique. Comme le dit un certain adage japonais, il est plus important d'avoir un bon problème, c'est-à-dire une bonne question et une solution crédible que l'on peut éprouver, qu'un faux problème, c'est-à-dire une question non clarifiée où l'on propose une solution que l'on juge vraie *a priori* et que l'on ne peut vérifier parce qu'elle est invraisemblable.

Peu importe la solution à un problème, pourvu qu'elle soit de *qualité*. Est de qualité la solution qui a du sens, qui va de soi, qui peut se vérifier empiriquement. Quand la rationalité traditionnelle divise le monde en sujet et en objet, elle élimine la qualité dans la recherche.

Conclusion

La maîtrise de l'environnement et non sa domination. Le but de la recherche scientifique est double selon Toulmin[32]: c'est l'intuition et la compréhension. La qualité de la solution permet de réunir l'intuition créative et la compréhension logique. La part rationnelle de la recherche serait, en effet, vaine, vide de sens si elle n'était pas complétée par l'intuition qui ouvre au scientifique de nouveaux concepts créateurs[33]. Nous devons donc chercher à connaître afin de prévoir avec exactitude les événements et les relations des phénomènes entre eux.

Les ouvrages de recherche dans le domaine de l'éducation se fondent souvent sur le principe du déterminisme de l'univers. Nous savons tous qu'il n'est pas nécessaire de comprendre les phénomènes pour les prévoir. Les premiers astronomes pouvaient notamment prédire les éclipses de soleil. Par contre, les explications qu'ils donnaient de ces phénomènes nous semblent pour le moins étranges aujourd'hui. En sciences de l'éducation, nous pouvons souvent comprendre ce qui se passe en matière de comportement chez certains élèves en difficulté, même si nous sommes incapables de prédire ce comportement de façon systématique. Comme nous le démontre souvent la nature, nous pouvons aussi prédire et connaître le temps qu'il fera, sans pour autant avoir d'emprise sur celui-ci. Il importe de ne pas confondre maîtrise et domination de son environnement: maîtrise, dans le sens holistique, peut aussi signifier compréhension du monde et de ses lois, même si l'interprétation que l'on fait des travaux de Skinner ne semble porter que sur la prévision et la détermination.

Il existe plusieurs niveaux de relations entre les choses et plusieurs façons d'arriver à l'étape de la créativité selon les cultures et l'éducation. De nombreux paradigmes ont guidé les chercheurs depuis l'époque de Ptolémée jusqu'à celle d'Einstein, en passant par celle de Newton. Selon Kuhn[34], la façon dont les sciences et l'histoire des sciences sont encore enseignées aujourd'hui n'a rien à voir avec la manière dont les scientifiques travaillent ni avec l'histoire de la formation de paradigmes. Il semble troublant que les théories de la relativité et des quanta aient révolutionné le monde scientifique et que nombre de gens scolarisés soient encore attachés au dogme scientifique du siècle dernier.

References

MODULE 1

1   FROMM, E., SUZUKI, D., et DE MARTINO, R., *Zen Buddhism and Psychoanalysis,* Londres, George Allen & Undwin, 1960, pp. 25-35.

2   OHSAWA, Georges et SAKURAZAWA, Yukikazu, *Le Zen macrobiotique,* Paris, Librairie philosophique J. Vrin, 1970, pp. 1-23.

3   LE MOIGNE, J.-L., *La Théorie du système général: théorie de la modélisation,* Paris, P.U.F., 1977, pp. 7-29.

4   KONDO, Ahihisa, «Entities in Zen Bouddhism», *America Journal of Psychoanalysis,* 1952, pp. 10-14.

5   LOW, Albert, *Zen and Creative Management,* Garden City (New-York), Doubleday, 1976, pp. 199-206.

MODULE 2

1   SINATRA, Richard et STAHL-GEMAKE, Josephine, *Using the Right Brain in the Language Arts,* New-York, Charles C. Thomas, Publisher, 1983, pp. 5-100.

2   JUDY, Carol, *Participant Observation: An Interpretative Research Methodology for Elucidating the Educative Process,* Madison (Wisconsin), University of Wisconsin, 1976, pp. 4-5.

3   LABORIT, Henri, *Éloge de la fuite,* Paris, Éditions Robert Laffont, 1976, pp. 63-65 et pp. 89-90.

4   CAPRA, Fritjof, *Le Tao de la physique,* Paris, Éditions Tchou, 1985, pp. 27-75.

5   LOW, Albert, *Zen and Creative Management,* Garden-City (New-York), Doubleday, 1976, pp. 173-192.

6   CHALVIN, Dominique, *Faire face aux stress de la vie quotidienne: connaissance du problème,* Paris, Éditions E.S.F., 1982, 100 p.

7   CHURCHMAN, C.W., *Challenge to Reason,* New-York, McGraw-Hill, 1968, pp. 3-25.

8   SINATRA, Richard et STAHL-GEMAKE, Josephine, *Using the Right Brain in the Language Arts,* New-York, Charles C. Thomas, Publisher, 1983, pp. 79-117.

9   BOHR, N., *Physique atomique et connaissance humaine,* Paris, Gonthier, 1961, pp. 22-24 et pp.162-164.

10   PELLETIER, Kenneth, *La Médecine holistique,* Paris, Éditions du Rocher, 1982, p. 285.

11   HEISENBERG, W., *Physique et philosophie,* Londres, Allen and Unwin, 1963, pp. 125-126.

12   TOURENNE, Christian, *Vers une science de la conscience,* Paris, Éditions de L'âge de l'illumination, 1981, pp. 100-110.

13   PAPLAUSKAS-RAMANUS, Antoine, *L'Éducation physique dans l'humanisme intégral,* Ottawa, Éditions de l'Université d'Ottawa, 1960, pp. 165-168.

14   LECOMTE DU NOUY, Pierre, *L'Homme devant la science,* Paris, Flammarion, 1969, p. 57.

15   OUELLET, André, *Processus de recherche: une approche systémique,* 2e éd., Sillery (Québec), P.U.Q. 1988, pp. 152-182.

16   BREDEMEIER, Harry C. et STEPHENSON, Richard M., *The Analysis of Social Systems,* New-York, Holt, Rinehart and Winston, 1962, pp. 263-264.

MODULE 3

1   PELLETIER, Kenneth, *op. cit.,* p. 285.

2   FERGUSON, Marilyn, *Les Enfants du verseau: pour un nouveau paradigme,* Paris, Éditions Calmann Levy, 1981, p. 338.

3   SAGAN, Carl, *Cosmos,* Paris, Éditions Select, 1981, 358 p.

4   LABORIT, Henri, *Éloge de la fuite,* Paris, Éditions Robert Laffont, 1976, p. 233.

5   JACQUARD, Albert, *L'Héritage de la liberté: de l'animalité à l'humanité,* Paris, Éditions du Seuil, 1986, 207 p.

6   OUELLET, André, *L'Évaluation créative: une approche systémique des valeurs,* Québec, P.U.Q., 1983, p. 243.

7   LE MOIGNE, Jean-Louis, *La Théorie du système général: théorie de la modélisation,* Paris, P.U.F., 1977, 258 p.

8   ROGERS, Carl Ransom, *Freedom to Learn,* New-York, Charles E. Merril Publishing, 1983, 358 p.

9   OUELLET, André, *L'Évaluation créative: une approche systémique des valeurs,* Québec, P.U.Q., 1983, 411 p.

MODULE 4

1   LAFERRIÈRE, Thérèse, *Et pourquoi pas de la recherche sans hypothèse? L'alternative «existentielle — phénoménologique»,* Montréal, Repères, n° 5, Essai en éducation, Université de Montréal, 1985, pp. 112-121.

2   BLYTH, R. H., *Zen in English Litterature and Oriental Classics Edition,* Tokyo, Hodusaido, 1966.

3   BOHR, N., *Physique atomique et connaissance humaine,* Paris, Gonthier, 1961, pp. 22-24 et pp. 163-165.

4   LEVY, André, «La recherche-action et l'utilité sociale», *Connexion,* n° 43, 1984, pp. 81-87. *Entre le savoir et l'action: choix éthique et méthodologique,* sous la direction de Jean-Pierre Deslauriers et Christiane Gagnon.

5   HORTH, Raynald [et al.], *L'approche qualitative comme méthodologie de recherche en sciences de l'éducation,* Québec, Éditions de la mer, 1986, 195 p.

6   GOYETTE, Gabriel et LESSARD-HÉBERT, Michel, *La recherche-action: ses fonctions, ses fondements et son instrumentation,* Gouvernement du Québec, Conseil québécois de la recherche sociale, 1985, 265 p.

7   VAN DER MAREN, Jean-Marie, *Stratégie pour la pertinence sociale de la recherche en éducation, loc. cit.*

8   VAN DER MAREN, Jean-Marie, Les alternatives aux plans expérimentaux dans la mise à l'épreuve d'hypothèses en éducation, *loc. cit.*

9   DESLAURIERS, Jean-Pierre, *La Recherche qualitative: résurgence et convergence, loc. cit.*

10   CAPRA, F., *The Tao of Physics,* New-York, Fontana-Collins, 1977, p. 32.

11   OUELLET, A., *Une étude empirique de la relation entre la curiosité spécifique et le changement d'attitude: une extension de la théorie de Katz,* thèse de doctorat (inédite), Université d'Ottawa, 1975.

12   LECOMTE DU NOUY, Pierre, *L'Homme devant la science,* Paris, Flammarion, 1969, p. 57.

13   TORNELAT, M.A, *Histoire du principe de la relativité,* Paris, Flammarion, 1971, p. 454.

14   PARKER, J. et PATTERSON, J., «Pour un modèle écologique d'évaluation», *Educational Forum,* mars 1979, pp. 13-24.

15   ROGERS, Carl Ransom, *Liberté pour apprendre,* Paris: Dunod, 1972, pp. 1-2.

16   SINATRA, R. et STAHL-GEMAKE, J., *Using the Right Brain in the Language Arts,* New-York, Charles C. Thomas, 1983, pp. 76-117.

17   OUELLET, A., *L'Évaluation créative: une approche systémique des valeurs,* Québec, P.U.Q., 1983, pp. 160-161.

18   ARSAC, Jacques, *Les Machines à penser: des ordinateurs et des hommes,* Paris, Éditions du Seuil, 1987, 127 p.

19   KOESTLER, Arthur, *The Ghost in the Machine,* Londres, Paris, Calmann-Lévy, 1968, pp. 194-198.

20   LE MOIGNE, Jean-Louis, *Théorie du système général: théorie de la modélisation,* Paris, P.U.F., 1977, pp. 8-10.

21   GALLWAY, W. Thimothy, *Tennis et psychisme: comment progresser par la concentration,* Paris, Éditions Robert Laffont, 1977, p. 187.

22   LABORIT, Henri, *Éloge de la fuite,* Paris, Éditions Robert Laffont, 1976, p. 91.

23   JACQUARD, Albert, *L'Héritage de la liberté: de l'animalité à l'humanité,* Paris, Éditions du Seuil, 1986, pp. 166-167.

24   WALDBERG, Michel, *Forêts du Zen,* Paris, Mame, 1974.

25   PIRSING, M. Robert, *Traité du Zen et de l'entretien des motocyclettes,* Paris, Éditions du Seuil, 1978.

26   HERRIGEL, Eugène, *Le Zen dans l'art chevaleresque du tir à l'arc,* Paris, Éditions Dervy-Livres, 1987.

27   HENOITS, Hubert, *La Doctrine suprême selon la pensée zen*, Paris, le Courrier du Livre, 1967, 286 p.

28   AIVANHOV, Mikhael, «Oeuvres complètes», *L'harmonie*, tome VI, 2ᵉ éd., Paris, Prosveta, 1980, 256 p.

29   TOYNBEE, Arnold Joseph, *Le Monde et l'occident*, trad. de l'anglais par Primerose du Bos, The World and the West, Bruges, Desclée de Brouwer, 1957, 107 p.

30   TOYNBEE, A.J., *On the Future of Art*: Essays/Introd. de Edward F. Fry, New-York, Viking Press, 1970, 134 p.

31   TOYNBEE, A.J., *L'Autre moitié du monde*, sous la direction de Arnold Toynbee [*et al.*], Paris, Elsevier Sequoia, 1976, 399 p.

32   TOULMIN, Stephen, *Foresight and Understanding: An Inquiry into the Aims of Science*, New-York, Torchbooks, 1973.

33   EINSTEIN, A., *Comment je vois le monde*, Paris, Flammarion 1958, p. 141.

34   KUHN, T.S., *La Structure des révolutions scientifiques*, Paris, Flammarion, 1972, pp. 135-140.

2

L'organisation holistique et le travail de recherche

Comment planifier stratégiquement sa proposition de recherche?

Objectifs

Le but de ce chapitre est d'abord d'aider les étudiants à organiser globalement l'ensemble des procédés et des techniques utiles à leur travail de recherche. Nous voulons les situer dans un contexte pédagogique et didactique de manière à ce qu'ils soient en mesure de défendre leurs idées tout au long de l'entreprise de la recherche.

Les étudiants éprouvent souvent des difficultés dans l'organisation globale d'une thèse, d'un mémoire ou d'un projet. Ils ont beaucoup d'idées mais ne savent pas, très souvent, comment les formuler et les communiquer sous forme de besoins adaptés à un contexte pratique, comme on le fait pour n'importe quel produit que l'on propose en fonction de *l'offre et de la demande*. Nous savons que pour traiter scientifiquement un problème de recherche, il est d'abord nécessaire d'avoir *des idées* sur un sujet précis et de bien les ancrer sur le plan des écrits.

Ces idées doivent ensuite correspondre à *un besoin* auquel on pourra trouver *une forme* de solution convenable. Le présent chapitre exposera donc l'organisation du travail et situera le projet de recherche dans un contexte holistique, en tenant compte des composantes et des interactions inhérentes à la systématisation de la recherche, à son évaluation et à sa rédaction.

Le chapitre se divise en quatre modules: le module 5 décrit la nature d'une proposition de recherche, informe l'étudiant sur la raison d'être de celle-ci, sur la façon de la préparer et la manière de la présenter. Le module 6, qui traite du système d'un travail de recherche, décrit la matière couverte en vue de l'apprentissage de la recherche, les concepts que l'on doit utiliser pour développer une recherche, ainsi que la didactique générale de la méthodologie de la recherche en éducation. Le module 7 concerne le processus de l'évaluation holistique d'un travail de recherche et situe la proposition par rapport aux autres étapes. Enfin, le module 8 présente un modèle de fonctions spécifiques à chacun des chapitres d'une thèse ou d'un mémoire et la communication des résultats dans un réseau cohérent. La figure 1 présente le diagramme de l'organisation holistique d'un travail de recherche.

Il est stimulant, pour un étudiant, de savoir dès le début de son travail qu'une proposition de recherche contient globalement les fondements du premier et du troisième chapitre, c'est-à-dire les éléments de base du cadre théorique et ceux du cadre pratique. Il commence ainsi à rassembler les matériaux de base, il voit progresser sa démarche; au fur et à mesure qu'il participe à des activités reliées à son travail, il apprend à connaître chaque partie et comment ces parties interagissent entre elles, comment elles se développent, sans pour autant perdre la perspective de l'ensemble.

Figure 1

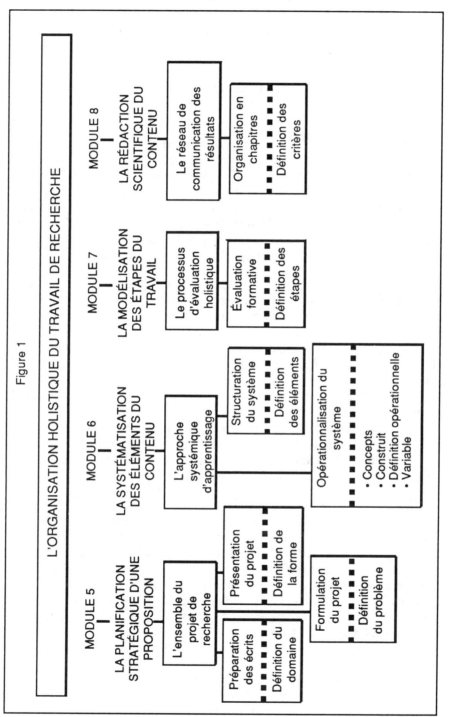

Module 5

Le projet de recherche

Comme l'objectif de ce module est d'informer l'étudiant sur la nature d'une proposition de recherche, nous traiterons successivement de la *préparation*, de la *formulation* et de la *présentation* d'un projet. La raison d'être d'une telle proposition est d'abord d'aider l'étudiant à trouver un superviseur et l'apport financier nécessaire à son projet s'il y a lieu, puis faire connaître ses idées sur la problématique de recherche qu'il se propose d'entreprendre. Ses idées doivent prendre une forme *appropriée* et *correspondre à un besoin* réel et appréciable.

Il ne faut pas confondre la *préparation* du projet de recherche avec sa *formulation* et sa *présentation*. La *préparation* constitue le premier document de travail qui sert de point de départ du processus de recherche et peut contenir de 5 à 10 pages. La *formulation* du projet de recherche, pour sa part, est un document écrit qui indique la procédure à suivre pour effectuer une démarche opératoire, c'est-à-dire la détermination des variables de contrôle, tout au long d'une démarche scientifique empirique. Cette étape d'ajustement essentielle traduit dans le langage de l'observation les concepts théoriques du cadre de référence qui ont été établis lors de la préparation du projet. C'est le moment de montrer comment le cadre théorique et le cadre opératoire sont liés; c'est le passage du général au particulier. Quant à la *présentation*, elle est l'expression finale des idées dans un document écrit selon une forme adaptée à la circonstance.

Dans le contexte universitaire, la *proposition de recherche* ne doit pas être perçue comme un document que l'on ne peut modifier ni adapter à la réalité ultérieurement. La planification stratégique d'une telle proposition incorpore dans son processus la réalité changeante et est perçue comme une activité logique et réaliste. Elle doit être considérée comme un document sérieux prouvant que l'étudiant a quelque chose à dire au sujet d'un problème ou d'une difficulté. L'étudiant doit être capable d'expliquer la nature de l'effort de recherche qu'il prévoit et son importance pour le domaine de l'éducation. La première version est presque toujours modifiée à la suite de rencontres avec le superviseur ou le comité de recherche.

Quand faire une proposition de recherche? L'expérience démontre qu'il est temps de faire la présentation d'une proposition de recherche lorsque l'étudiant a clarifié une partie du problème étudié *dans un domaine*, qu'il est capable de donner une forme écrite convenable à ses idées et qu'il est apte à démontrer des besoins bien établis. Pour communiquer ses idées et les confronter avec celles des autres, il est nécessaire d'avoir un minimum de connaissances du système de la recherche empirique et un minimum de savoir-faire dans l'organisation de ses idées et leur communication par écrit selon des critères scientifiques. C'est lors de la recension des écrits que l'étudiant acquiert l'assurance du bien-fondé de ses idées, qu'il puise l'information nécessaire pour clarifier la situation et utiliser les termes scientifiques exacts. Sans cela, son projet demeure à l'état d'idées et n'a rien à voir avec une proposition de recherche en bonne et due forme, susceptible d'être soumise à un organisme reconnu ou à un superviseur mandaté par une institution.

Préparation du projet

La préparation concerne la première organisation des idées au sujet d'un problème ressenti et permet à l'étudiant de commencer la recherche et de trouver un superviseur. En outre, la première activité qui conduit vers une recherche fructueuse est sans aucun doute l'établissement d'une bibliographie annotée en rapport avec la problématique de la recherche dans le domaine étudié. Nous entendons par bibliographie annotée la recension des meilleurs ouvrages sur un sujet. De plus, il faut inclure d'autres bibliographies pertinentes et une liste des questions soulevées dans différents textes et demeurées sans réponse ou partiellement résolues. Il est préférable et recommandé de préparer quelques mois à l'avance la bibliographie annotée afin de laisser mûrir les idées. C'est un fait bien connu que les meilleurs mémoires, thèses et dissertations sont l'œuvre d'étudiants qui ont préparé au préalable une recension des écrits pertinents dans le domaine choisi.

Pour que cette documentation soit bien appuyée, il faut également que l'étudiant procède à une analyse des écrits de façon globale et systématique, ce qui suppose des choix à faire et une organisation importante à effectuer sur le plan des procédés. À ce sujet, nous recommandons de préparer la bibliographie annotée selon le même principe qu'un sommaire, en ne dépassant pas une centaine de mots. Les critères d'analyse et de synthèse en sont les suivants:

Critères pour le sommaire d'un article:

- les principales questions posées;
- les éléments clés de la méthode de recherche; et
- les principaux résultats.

Pour jeter le maximum de lumière sur sa démarche, l'étudiant devra recenser les articles récents et pertinents à la problématique de sa recherche. Une fois terminée, la recension des écrits sera organisée de façon systématique et couvrira entre 10 et 20 pages. Il va sans dire qu'elle devra être rédigée dans un style convenable. Nous préciserons maintenant la forme et les composantes minimales nécessaires pour qu'une proposition de recherche soit acceptable au point de vue de l'organisation d'idées. Voici les critères d'ensemble relatifs aux écrits dépouillés:

- le domaine de recherche doit être étayé de courts résumés de 10 à 15 articles pertinents;

- chaque bibliographie d'articles annotée ne doit pas dépasser 100 mots et un maximum de cinq pages;

- les autres références à lire en tout ou en partie ne doivent pas dépasser trois pages;

- les questions et les hypothèses de solution, les spéculations demeurées sans réponse ou partiellement résolues ne doivent pas dépasser cinq pages; et

- une fois mis ensemble, tous les écrits devraient totaliser environ 15 pages de texte.

La formulation de la proposition représente le début réel du processus de recherche et la preuve de l'effort que l'étudiant veut fournir; c'est, à notre avis, un minimum de connaissances pour échanger de façon efficace avec son directeur de recherche.

Le module 6 de ce chapitre présente les éléments et les sujets des matières dont on doit traiter sur le plan didactique lors de l'organisation d'un travail de recherche. Cependant, pour être encore plus précis en ce qui concerne la proposition, nous reprenons l'essentiel de ces éléments et de ces sujets en faisant une synthèse. On voit donc que l'essentiel est de se faire comprendre et de bien expliquer son projet. *Une proposition de recherche est un produit concret: c'est une idée que l'on formule à partir d'un besoin, accompagnée d'une solution spécifique pour résoudre un problème donné.*

Formulation du projet

La manière de formuler une proposition de recherche peut varier d'un établissement à l'autre. Ainsi, certaines institutions exigent une présentation systématique et séquentielle pour chaque chapitre, qui sera évaluée et corrigée au fur et à mesure. D'autres demandent une quintessence des premier et troisième chapitres, ce qui signifie, à toutes fins utiles, l'introduction du problème et un aperçu de la méthode utilisée pour arriver à la solution. D'autres encore peuvent exiger une recension exhaustive des écrits sans que ceux-ci ne soient agencés comme s'il s'agissait d'une problématique structurée. La meilleure façon de procéder est celle qui convient au style d'apprentissage du chercheur et qui respecte les politiques du système de formation. Elle doit aussi permettre un dialogue fructueux entre des intervenants concernés. Chacune des approches présente des avantages et des inconvénients. En ce qui nous concerne, nous préférons la deuxième voie, soit un aperçu général du problème et de la méthode proposée pour la vérification.

La proposition comprend donc la définition d'un problème à partir d'un domaine de recherche et la présentation d'un plan d'application de la solution proposée relativement à ce problème. Rappelons qu'une partie de la clarification de ce dernier est censée avoir été faite lors de la préparation des écrits. La définition du problème et le plan de travail constituent donc, en quelque sorte, l'essentiel de la formulation. Ce sont ces deux fonctions que l'on retrouve généralement dans les premier et troisième chapitres d'un mémoire ou d'une thèse.

Les composantes majeures de la formulation du projet sont les suivantes: *le titre, l'énoncé du problème de recherche sous forme de question, la définition d'un cadre de référence, la préparation et l'évaluation d'un cadre opératoire.* Précisons que toutes ces composantes sont reprises dans le sixième module ainsi que la description des autres éléments du contenu didactique.

Le titre

Le titre est la première composante d'un document et il indique la nature de la proposition de recherche. Sauf exception, trois critères permettent de le déterminer:

- les variables clés de l'étude;
- le type de relation entre les variables ou le type de recherche; et
- la population cible.

Ces trois éléments devraient suffire à donner un titre pertinent à la recherche. Ce dernier sera concis: une ligne ou deux au maximum[1].

L'énoncé du problème de recherche

Il arrive souvent, au moment de la sélection et de la formulation de son premier problème de recherche, que l'étudiant se retrouve dans une situation intellectuelle embrouillée. Cette situation peut résulter de plusieurs facteurs et du fait, entre autres, que de nombreux écrits, ouvrages ou traités sur la méthodologie de la recherche n'insistent pas assez sur la différence entre la notion de BESOIN et celle de PROBLÈME. Induit en erreur, l'étudiant peut facilement confondre le problème, qui est le besoin de faire une recherche, avec la méthode de recherche, qui concerne la manière de répondre au besoin. Un *problème* de recherche se définit, sur le plan opérationnel, comme une situation complexe (difficulté ressentie) qui se transforme en questions. Ces questions aident par la suite à déterminer la direction de la solution à venir. Comment répondre aux besoins?

La *méthode*, au contraire, se définit, sur le plan des opérations, comme une procédure utilisée pour résoudre un problème. Voilà pourquoi, et c'est le bon sens qui le dicte, commencer la recherche en considérant la méthode sans avoir clairement défini (formulé) le problème, c'est se préparer à rencontrer des embûches ou, si l'on veut, c'est partir avec un faux problème. Par exemple, un étudiant se propose d'étudier la corrélation entre les difficultés d'apprentissage en mathématiques et le style d'enseignement du professeur: cela est du ressort de la MÉTHODE de solution du problème. Le problème se rapporte au BESOIN de faire de la recherche dans un domaine donné, sur un sujet donné. Pour cet exemple, le besoin s'identifie aux difficultés d'apprentissage en mathématiques.

Le problème de recherche comprend des questions qui supposent des justifications. Et le *processus de la justification* des questions est essentiel parce qu'il permet de démontrer l'importance relative du problème (la difficulté ressentie). Qui plus est, il incombe au chercheur de démontrer le BESOIN d'une recherche en particulier, en considérant le temps, l'effort, les fonds, etc., et le bien-fondé de telle étude plutôt que de telle autre. La nécessité de justifier un problème de recherche peut reposer sur plusieurs *facteurs* comme l'intérêt du chercheur, sa capacité, ses habiletés, les critères économiques et sociaux, l'originalité du sujet.

En somme, tous ces facteurs (référents) et d'autres peuvent être évoqués et considérés dans la sélection et la formulation d'un problème ainsi que dans le choix d'une méthode. Le chercheur doit harmoniser ces éléments dans un cadre de référence et les évaluer par la suite dans un cadre opératoire.

La définition d'un cadre de référence

La formulation du problème de recherche doit toujours se faire en référence à un cadre théorique ou à un cadre conceptuel: c'est ce qui expose le sens général du problème de même que les principales définitions et leurs implications sur le plan des questions orientées vers l'objet de la recherche. Ainsi, l'énoncé du problème est la première partie du travail d'une proposition de recherche. En éducation, le cadre de référence pourrait s'articuler autour des critères suivants:

- la base historique;
- l'importance significative dans le domaine éducatif; et
- la formulation d'hypothèses de solutions vérifiables et orientées.

La base historique   Un bon chercheur devrait trouver les sources d'un problème dans les antécédents historiques, en faire ressortir les variables, discuter celles qui ont été retenues et en spécifier les critères de sélection. C'est une erreur courante de penser que le superviseur ou l'évaluateur du projet est un expert dans le domaine proposé, car ce n'est pas nécessairement le cas. C'est pourquoi il importe de situer le lecteur brièvement pour qu'il puisse réviser le projet sur une base solide, à partir des principaux éléments et circonstances. Quelques points d'ancrage suffisent généralement à situer le lecteur.

L'importance significative dans le domaine éducatif   Une démarche pratique et suffisamment valable pour l'avancement des connaissances en éducation peut se justifier par rapport aux éléments suivants:

- trouver un projet réalisable à brève ou à moyenne échéance;
- relier la recherche à un problème pratique;
- relier l'étude à une population cible reconnue;
- ancrer le travail à partir de concepts et de postulats que l'on peut opérationnaliser; et
- dissocier la question du jugement de valeur.

Cela ne veut pas dire pour autant de rejeter ce qui se circonscrit difficilement, mais plutôt de préciser ce que l'on avance à partir de faits que l'on peut relier et vérifier.

La formulation d'hypothèses de solutions vérifiables et orientées
Souvent, en éducation, les propositions de recherche comportent des

énoncés sous forme de questions, sans hypothèse, sans affirmation et sans direction. Quand il est possible de le faire, mieux vaut toujours travailler à partir d'une hypothèse, même lorsqu'il s'agit de recherche descriptive, car l'hypothèse est une démarche précise permettant d'accrocher le problème à des variables bien déterminées sur le plan opérationnel, ce qui en facilite la vérification.

Précisons que la raison d'être d'une hypothèse est d'expliquer le fonctionnement d'un phénomène. Elle permet d'imaginer des expériences possibles, de faire des prédictions, de mettre à l'essai *diverses théories* existantes qui pourraient s'appliquer à la problématique de recherche, d'aider à comprendre le problème et à en tirer des prévisions. Ainsi, le sens de l'hypothèse devrait permettre au chercheur de rester ouvert à toutes sortes de possibilités et d'essais, de ne plus craindre le risque intellectuel, la conjoncture d'expériences parallèles. Toutes ces raisons d'être se rattachent au sens du mot hypothèse[2].

Cette dernière peut jouer deux rôles. Si le concept constitue l'élément clé de la méthode scientifique, l'hypothèse est, pour sa part, le pivot du travail de recherche. Lorsque le chercheur utilise l'approche inductive, l'hypothèse est alors produite directement, à partir de l'observation de la réalité. Dans ce cas, elle précède l'élaboration conceptuelle; on dit alors que l'hypothèse est ce vers quoi on se dirige[3]. Lorsque le chercheur procède de façon déductive, l'hypothèse est le point de départ de vérifications et de comparaisons avec la réalité sur le plan empirique; dans ce cas, elle suit l'élaboration conceptuelle et précède le schème opératoire: c'est la démarche classique en recherche.

La préparation et l'évaluation d'un plan pour le cadre opératoire

Le développement d'un plan de façon opérationnelle est une phase critique du travail de recherche. C'est l'étape intermédiaire entre la question posée, l'hypothèse de solution et la démarche de vérification empirique. Ainsi, le plan permet de réaliser ce qui a été conçu à partir du cadre théorique, c'est-à-dire qu'il permet l'élaboration de la procédure en regard de l'organisation des concepts, et ce en vue de la prise des informations et du traitement des données.

La préparation et le développement d'un plan de recherche constituent une phase intermédiaire entre l'organisation d'une problématique et la présentation définitive du projet. Lorsque la problématique est clarifiée en partie et bien formulée en fonction des données recueillies, il importe que le chercheur définisse soigneusement la méthode et la procédure (manière de répondre aux questions). Au moyen de cette planification, l'étudiant commence à se rendre compte qu'il ne peut conserver la question telle qu'il l'a formulée. C'est alors le moment de confronter les différentes possibilités et d'effectuer les modifications qui s'imposent dans le cadre opératoire.

Même si le plan est appelé à se modifier, il faut que le chercheur ait une idée d'ensemble des principaux facteurs concernant la vérification empirique. Ainsi, même s'il y a modification partielle du plan ou s'il est incomplet, l'étudiant doit commencer à fixer les éléments de base, car au fur et à mesure de l'évaluation et de l'évolution de la recherche, le plan se réajustera, prendra une forme plus définitive, plus adaptée aux circonstances de la réalité. Le meilleur plan peut être sujet à changement; cela fait partie de la nature même de la recherche. Essentiellement, le plan contient la quintessence de la procédure à suivre par rapport à:

- la méthode utilisée;
- la cueillette des informations et le traitement des données; et
- la logistique.

La méthode de recherche utilisée pour la vérification

Cette méthode représente l'échafaudage de la recherche. Différentes orientations sont possibles pour répondre aux exigences d'un sujet. Essentiellement, la méthode doit préciser la procédure à suivre selon une certaine stratégie pour éprouver la solution proposée. Ainsi, l'approche expérimentale exige un modèle différent de celui de l'approche historique d'une étude de cas, d'une analyse de contenu, etc. À ce sujet, nous conseillons à l'étudiant de se familiariser avec l'étude des méthodes du module 11, ce qui lui permettra de prendre conscience des différentes possibilités. Généralement, le choix d'une méthode de recherche peut s'expliciter en décrivant l'essentiel des éléments suivants: *la population cible, les instruments de mesure et le modèle stratégique de vérification.*

La *population cible* et la technique de sélection des sujets doivent être décrites dans les moindres détails. On imagine mal entreprendre une recherche à partir d'une population inconnue: ce serait un non-sens.

Les *instruments de mesure* doivent être définis de façon opérationnelle tout comme le matériel d'accompagnement. Certains concepts peuvent être suffisamment précis pour prendre automatiquement le nom de variable (par exemple, le sexe, l'âge), tandis que d'autres (la motivation, le rendement, etc.) doivent subir la transformation du processus opérationnel qui leur donne le nom de variables. En recherche, la détermination des variables est une étape essentielle, car elle constitue la définition même du processus de recherche (c'est ce que nous présenterons dans le module 6). Ce sont ces variables que nous retrouvons dans les instruments de mesure. Tous les instruments nécessaires à la cueillette des informations de même que le matériel d'accompagnement doivent être définis de façon opérationnelle et selon une procédure précise. La procédure décrit les opérations que l'on doit faire pour vérifier la solution proposée, la confronter à la réalité de l'expérience.

Le *modèle stratégique de vérification* est considéré comme la méthode de solution en recherche; c'est la charpente qui circonscrit le type de recherche. Il permet de comparer la structure du modèle imaginé par le chercheur et sa contrepartie sur le plan opératoire. La nature de la question posée, les variables et les contraintes du monde réel sont les facteurs à considérer pour le développement du plan expérimental ou d'observation que l'on appelle le modèle stratégique. Par exemple, si le chercheur se retrouve avec une hypothèse pour comparer des groupes, il doit préciser le mode d'échantillonnage ainsi que les modalités expérimentales en ce qui a trait aux observations. En somme, un *modèle opératoire* représente le meilleur compromis possible, ou plutôt le meilleur équilibre pour vérifier et contrôler ce qui a d'abord été avancé à partir des dimensions théorique et empirique d'un concept. La première dimension donne le sens général du concept et la deuxième, le sens spécifique. Le modèle, selon les matériaux disponibles, aide à choisir le type de recherche approprié à la solution proposée. Nous préciserons, dans le module 6, comment faire la différence entre la dimension théorique et la dimension empirique d'un concept.

Le modèle de stratégie de vérification opératoire concerne les choix pertinents à faire à partir des matériaux et des ressources disponibles. Si nous nous référons à la définition même de la notion de stratégie (voir module 10), cette étape concerne les choix généraux à faire en considérant le but, la procédure, le produit attendu et les critères de contrôle. Le modèle de planification stratégique fait donc référence aux choix généraux concernant l'évaluation, la recherche et le développement.

La figure 4 du module 10 nous aide à choisir la bonne stratégie et, par la suite, à établir et à préciser la bonne méthode et les bons critères de contrôle. Nous savons qu'il n'existe pas d'approche unique commune à tous les auteurs dans le classement des stratégies de résolution de problème et l'organisation des méthodes de recherche; il existe plusieurs stratégies qui comportent évidemment différentes variantes. Par exemple, selon tel auteur, la stratégie de recherche peut nécessiter des approches plus spécifiques par goût ou par nécessité, comme l'approche descriptive ou d'observation, l'approche expérimentale ou quasi expérimentale, l'approche corrélationnelle, l'approche factorielle, etc. *C'est ainsi que nous avons pu sélectionner 34 types d'approche différents pour l'échafaudage de la recherche.* Une étude heuristique de ces méthodes, à partir de la figure 4 du module 10, peut aider à organiser les choix stratégiques, ce qui permet de situer la dimension empirique de la recherche de façon plus compatible avec les *principaux matériaux disponibles.*

La cueillette des informations et le traitement des données

Ces deux étapes sont intimement liées. Selon le type d'analyse utilisé pour traiter l'information, la recherche peut nécessiter un seul ou plusieurs instruments pour la cueillette des faits pertinents à la question posée. Le plan de recherche doit préciser les faits pertinents, la procédure à suivre pour la cueillette de l'information, l'organisation de celle-ci et sa classification. Il en va de même pour les techniques d'analyse. Ce n'est pas tout de dire comment l'information sera recueillie et organisée; il faut aussi préciser comment les données seront traitées, par quel procédé d'analyse — qualificative ou quantitative —, sans toutefois entrer dans les détails, et en s'en tenant aux procédés les plus utilisés pour la circonstance.

La logistique

La logistique concerne la gestion et le management de la recherche[4,5], et nous pouvons généralement définir cette activité à partir des éléments suivants:

- la planification des activités à brève, moyenne et longue échéance;

- le personnel et les tâches;

- les installations et les services (équipement);

- le coût des publications; et

- le budget en général.

La présentation du projet

Après avoir repéré les composantes majeures de son projet, le chercheur doit en organiser la séquence en bonne et due forme, en choisissant des éléments compatibles afin de communiquer le tout de façon cohérente. Il est important que le chercheur puisse s'ajuster aux règlements et normes en vigueur, selon chaque organisme, en respectant les différentes formes de besoin. Dans ce sens, la présentation du projet de recherche en son entier est donc un document écrit pouvant comporter de 10 à 30 pages, selon la politique organisationnelle, le style du chercheur et le type de recherche.

Le module suivant aidera l'étudiant à définir tous les éléments nécessaires à l'organisation du système d'une recherche, c'est-à-dire les contenus didactiques à intégrer au fur et à mesure de l'évolution. Il acquerra ainsi la maîtrise de sa recherche.

Module 6
L'approche systémique de recherche

Un travail de recherche peut être perçu et conçu comme un système. Ce dernier se définit comme une réalité qui intéresse le chercheur, par exemple le système scolaire, le système des transports, etc. Le cœur humain est le système cardio-vasculaire qui, à son tour, fait partie d'un autre système plus complexe, le corps humain[1]. On aborde la notion de système sous deux angles: celui de son processus et celui de sa structure. Si on considère le système de recherche comme un processus, on s'intéresse à la dynamique de toutes les interactions entre les éléments qui conduisent à la définition des variables; si on considère sa structure, on s'intéresse à la forme, aux éléments et au contenu. Lors de la préparation de la formulation d'une proposition de recherche, on ne doit pas opposer le processus et la structure; au contraire, on doit polariser ces facettes d'une même réalité, soit la dynamique et la statique.

Le processus qui conduit aux variables

Toutes les disciplines scientifiques se réfèrent à un langage spécifique pour décrire et organiser les observations inhérentes à leurs différents domaines. C'est pourquoi les chercheurs ont besoin, d'une part, d'un vocabulaire théorique pour se référer au processus hypothétique qu'ils ne peuvent observer directement et, d'autre part, d'un vocabulaire empirique leur permettant de décrire des observations particulières à une réalité donnée. Le scientifique peut utiliser des mots du langage quotidien, auxquels il donnera de nouvelles significations plus techniques qu'il n'utilisera pas dans le langage usuel. L'ensemble de ces opérations conduisant à la mesure d'un phénomène s'appelle le processus de définition opérationnelle.

L'objectif de la première partie de ce module est d'aider le chercheur à comprendre la démarche opérationnelle qui conduit à la définition des variables en recherche. Pour ce faire, nous situons d'abord le phénomène sur le plan théorique, c'est-à-dire sur le plan conceptuel, puis sur le plan empirique. Finalement, nous présentons différentes modalités utilisées par le chercheur pour que ses définitions deviennent des constructions intellectuelles et pratiques sensées. Mais avant d'aller plus loin, précisons la différence entre les concepts et les construits.

Le niveau théorique d'un phénomène: du concept au construit

Nous savons, par expérience, que certaines définitions peuvent être assez précises pour devenir automatiquement des variables. Elles traduisent les aspects réels d'un phénomène sans devoir être reformulées; nous les appelons concepts. D'autres définitions doivent, par contre, subir une transformation, un traitement avant de servir de guide pour l'analyse quantitative ou qualitative (par exemple, la motivation, le rendement, etc.). Ce sont des construits.

Le concept   Un concept est une abstraction, un objet conçu par l'esprit ou une acquisition qui permet d'organiser les perceptions et les connaissances; c'est un mot qui représente l'aspect spécifique d'un objet ou d'un événement et qui caractérise cet aspect. Les mots tels que chat, personne, fleur, temps et des milliers d'autres représentent des aspects différents de la réalité dans notre univers. La fonction d'un concept est la simplification qui permet le regroupement d'un certain nombre de caractéristiques sous un même thème ou dans un même ensemble. Par exemple, si nous pensons au mot «arbre», nous pouvons facilement, à partir de l'abstraction «arbre», mettre en relation toutes les caractéristiques de l'objet signifié. L'arbre devient alors une abstraction de notre univers; on peut le nommer, le différencier des objets qui l'entourent, sans avoir recours à d'autres mots.

Le construit   Le construit est un mot fabriqué à partir d'autres concepts. Ainsi, des mots et des expressions comme motivation, paix, habileté verbale, apprentissage de la lecture ne peuvent être décodés aussi facilement qu'un objet tel que «arbre» ou «chat». Dans ce dernier cas, il s'agit d'un degré plus élevé d'abstraction et nous avons besoin d'un construit. De la même façon que nous construisons une maison à partir de différents matériaux, nous fabriquons un construit pour parler d'une certaine réalité à partir de mots, d'associations, de matériel verbal que nous organisons dans un cadre opératoire fonctionnel.

Un construit est donc inventé à partir d'autres mots; comme nous ne pouvons pas le définir directement, nous avons besoin d'autres concepts pour abstraire les connaissances. Le processus de la définition opérationnelle nous aidera à comprendre la nature relative d'un construit en recherche. L'abstraction est un trait caractéristique de la science car, pour nommer, ordonner, préciser, le chercheur doit réduire, conserver les aspects essentiels de la réalité. C'est ce qui fait la force et la faiblesse de la science.

Un construit est fabriqué dans le but d'analyser et de synthétiser les observations et de fournir des explications fonctionnelles des phénomènes que l'on observe. Par la suite, il est abandonné lorsqu'une nouvelle manière d'expliquer et de maîtriser la même réalité se présente et se montre plus révélatrice de la réalité. Par exemple, les observations que nous avons obtenues à partir de tel comportement ou de tel phénomène, il y a quelques années, peuvent être aujourd'hui non fonctionnelles en raison du développement de nouvelles théories d'apprentissage et connaissances sur le fonctionnement du cerveau. C'est pourquoi les construits sont abandonnés au fur et à mesure que nous progressons dans nos connaissances de l'univers et que nous découvrons de nouveaux paradigmes. En somme, un construit représente la conscience théorique que l'on se fait de la réalité à partir des écrits. À l'autre extrémité du processus, il y a la conscience empirique que nous aborderons dans la définition opérationnelle.

Le niveau empirique d'un phénomène: de la théorie à la pratique

La signification des mots, dans le vocabulaire scientifique, doit être établie et l'action qui consiste à monter un tel système s'appelle le processus d'une définition opérationnelle. Nous avons précisé, au début de ce module, que la discipline scientifique a besoin d'un langage spécifique, c'est-à-dire de concepts et de construits pour définir le sens général. De plus, les construits doivent être représentés dans le processus d'une définition opérationnelle comportant, *d'une part, l'aspect théorique et, d'autre part, l'aspect empirique.*

Plus concrètement, le construit doit être défini de deux façons complémentaires: 1) en termes abstraits d'abord: c'est ce qui lui donne son sens général, la signification qui le supporte au niveau sémantique et 2) en termes concrets et pratiques: c'est ce qui permet de le mesurer dans une étude particulière. *Ainsi, le construit met les choses ensemble, mais ne dit pas comment les mesurer ni les observer, car c'est là le rôle de la définition opérationnelle.* Comment fusionner l'aspect théorique et l'aspect empirique de la réalité? C'est là qu'intervient l'imagination créative du chercheur, cette forme de pensée plus fondamentale, qui est essentielle à la fusion des entités séparées antérieurement par l'intellect.

La définition opérationnelle et ce qu'elle suppose

L'expression *définition opérationnelle* désigne la signification d'un construit, en spécifiant les opérations qui doivent être réalisées de façon efficace, afin de mesurer la réalité cernée. Dans ce sens, la définition opérationnelle est basée sur les caractéristiques observables de ce que l'on définit. C'est le mot *observation* qui importe dans une définition opérationnelle. Comment l'observation est-elle faite? Et de quoi est-elle faite? Ce type de définition est essentiel en recherche, puisque les données doivent être recueillies sous forme d'*événements observables.*

Précisons encore: le scientifique étudie à un niveau théorique les construits tels que la motivation, l'apprentissage, la tolérance au stress, le rendement; mais il doit aussi les analyser au point de vue empirique et décider de la nature des événements observables pour représenter le construit.

Lorsque le concept (ou le construit) est défini de façon opérationnelle, le chercheur doit toujours s'assurer de choisir des événements identifiables comme indicateurs du concept et diviser les opérations afin d'établir des données pertinentes en rapport avec ce concept, car seuls les *attributs spécifiques* se référant à des faits sont utiles au chercheur et peuvent être conservés comme critères de mesure.

Une définition opérationnelle se réfère donc aux opérations par lesquelles les chercheurs peuvent mesurer le concept. Par exemple, le Q.I. peut être défini de façon opérationnelle par le score obtenu à un test d'intelligence, le rendement en mathématiques par le score obtenu à un examen dans cette discipline, etc. En somme, une définition opérationnelle délimite les termes; c'est l'instrument de mesure. Elle est toujours accompagnée de la procédure: les informations qui accompagnent l'instrument. L'ensemble de ces opérations constitue en quelque sorte le processus de la mesure en recherche.

La délimitation et la définition opérationnelle   Une   définition opérationnelle est, de par sa nature, une procédure arbitraire. Il arrive souvent que nous choisissions, parmi une variété de définitions opérationnelles, celle qui concorde le mieux avec le concept. Il est certain qu'une telle définition ne peut pas tout expliquer; elle reste très spécifique au problème étudié. Son but est de délimiter un élément de la réalité analysée. La définition opérationnelle permet de s'assurer que chaque personne concernée comprend la façon particulière d'utiliser les termes. C'est pourquoi on parle de délimitation de la recherche.

La procédure et la définition opérationnelle   Une définition opérationnelle est considérée comme adéquate si la procédure utilisée pour organiser et assembler les données constitue un indicateur acceptable du concept qu'elle représente. C'est souvent une question d'opinion, d'attitude. Il s'agit de savoir si les opérations ont été exécutées comme prévu ou non. La définition opérationnelle ne se sépare pas de la procédure qui l'accompagne: elles sont toutes deux essentielles. Elles permettent au chercheur de se déplacer d'un niveau théorique (construit) à un niveau empirique (observation) sur lequel se base la science.

En science, toutes ces opérations font partie du processus de mesure: identification d'un phénomène, définition des procédures, observation et mesure. Il est important de se rappeler que le chercheur communique ses découvertes au moyen de construits abstraits et les interprète en fonction d'autres recherches et d'autres théories; ce que le chercheur trouve, ce sont des relations entre les connaissances qu'il maîtrise. Différentes modalités s'offrent également à lui pour l'aider à saisir le sens général et le sens particulier d'un concept ou d'un construit. Le chercheur peut ainsi comprendre le sens que l'on attribue aux divers usages des mots au niveau du langage usuel. Toutefois, avant de présenter ces modalités, précisons d'abord le sens du mot variable.

La variable

Une variable est un attribut qui est sensé refléter ou exprimer quelques aspects réels d'un concept ou d'un construit. C'est pourquoi une variable peut représenter différentes valeurs. Nous savons aussi que le concept doit pouvoir différencier les valeurs lorsque l'on effectue des comparaisons. Autrement dit, le concept doit pouvoir s'exprimer sous forme de critères ou normes. L'âge est une variable qui change d'une personne à l'autre: la taille ou le rendement en lecture d'une personne sont des variables.

Le chercheur en éducation s'intéresse à la complexité des influences réciproques des variables. C'est ainsi que les concepts qui ont un intérêt pour une recherche, qui font partie du système de cette recherche, deviennent des variables, c'est-à-dire des critères pour le processus de mesure d'un concept.

Les variables peuvent être dichotomiques, continues et classifiées de plusieurs façons. Toute la démarche d'une définition opérationnelle aboutit à la notion de variable et différents modes de représentation peuvent être utilisés pour représenter les valeurs que l'on veut mesurer avec les variables. Ces modalités peuvent se regrouper en deux catégories, selon que l'on s'intéresse au sens général ou au sens spécifique du *concept*, autrement dit à la *représentation mentale de la procédure* ou à la *reproduction de cette procédure sur le plan opératoire*.

Les définitions qui traduisent le sens général du concept

Nous savons maintenant que la signification d'un concept plus complexe prend racine dans le construit ou, si l'on veut, dans le sens général qui ressort des écrits. Par exemple, si nous nous intéressons au phénomène de l'apprentissage de la lecture, nous pouvons parler d'habileté verbale, de compréhension du vocabulaire, de latéralité, de perception et d'autres combinaisons de mots dans le but de nommer des opérations, des actions, des comportements qui ont des relations importantes et utiles avec le concept de la lecture, de manière à produire le construit, soit l'apprentissage de la lecture. On comprend donc pourquoi les construits sont nécessaires pour interpréter les données empiriques et développer des théories, établir des relations entre les objets que l'on observe dans notre univers et notre environnement. Différentes modalités sont utilisées pour définir les concepts au sens général, comme les synonymes, les concepts et le dictionnaire.

La définition synonymique   La définition synonymique aide à faire des «constellations» au moyen d'idées ou à associer des éléments; par exemple, être curieux peut vouloir dire être intéressé, motivé envers une chose. Être intelligent peut vouloir dire être débrouillard, etc.

La définition conceptuelle   La définition conceptuelle détermine les choses sous forme de critères hypothétiques plutôt que directement, en fonction de phénomènes observables. Nous avons précisé antérieurement que ce genre de définition se fait toujours par référence à d'autres concepts, c'est-à-dire par relation. Ce type de définition joue un rôle important dans l'organisation logique des idées associées aux hypothèses; c'est, en définitive, la notion de construit que nous avons déjà présentée.

La définition lexicologique   L'usage d'un dictionnaire est une façon utile et usuelle de connaître le sens commun des mots. Cependant, ces mots ne sont pas nécessairement utiles au chercheur s'ils ne se retrouvent pas dans un contexte précis. Voilà pourquoi ils doivent être définis de manière opérationnelle, adaptés à des circonstances particulières pour des opérations particulières.

Les définitions qui traduisent le sens particulier d'un concept

La définition opérationnelle prend un sens particulier pour un objet et dans une situation d'observation donnée. Il existe trois approches pour l'ancrage de la construction d'une définition opérationnelle: la causalité, le comment et la ressemblance.

La causalité   Cette approche permet de considérer les opérations à faire pour produire un phénomène; elle est particulièrement utile à la définition des variables indépendantes dans le cas des recherches expérimentales. Par exemple, la curiosité est un trait de personnalité qui pousse les gens vers un comportement exploratoire, à la suite d'informations stimulantes qu'ils ont reçues.

Le comment   Ici, on considère comment un objet particulier fonctionne, comment ses propriétés dynamiques sont constituées. Par exemple, l'on peut définir la motivation comme un comportement qui maintient un intérêt envers l'objet d'un apprentissage. Dans ce cas-ci, on ne provoque pas de changement; on se contente d'observer et de noter comment le comportement fonctionne, contrairement à ce qui se passe selon l'approche basée sur la causalité, où l'on provoque le changement.

La ressemblance   Ce troisième type de construction met l'accent sur la structure d'un phénomène, ce à quoi il ressemble lorsqu'on le compare aux autres. Ainsi, une personne intelligente peut être définie à partir d'une mémoire remarquable, d'un vaste vocabulaire, de capacités logiques pour les mathématiques. Le sel comestible, dans l'optique de cette définition, peut être défini comme ressemblant à une substance cristalline cubique.

Précisons, en terminant, que la définition opérationnelle est importante mais insuffisante. Outre la façon de définir un concept, il faut aussi considérer la manière dont l'objet sera examiné au cours de la recherche, c'est-à-dire la procédure, sans évidemment perdre de vue la signification. La procédure de la recherche entraîne la sélection des sujets et des instruments; c'est une des raisons d'être du modèle de recherche que de montrer comment ces deux réalités forment un processus cohérent avec la définition opérationnelle.

Les éléments de la structure de recherche

Dans cette partie du module, nous en arrivons à un aspect plus formel, qui concerne la structure du système de recherche sur le plan du contenu[2]. Nous parlerons des éléments à agencer dans un cadre opérationnel intelligible, des points que l'on doit être en mesure de décrire, quel que soit le type de recherche. Vous trouverez ci-dessous la description de 15 éléments à inclure systématiquement, à un moment donné, pour fournir une forme et une structure à l'organisation de la recherche. Il importe de souligner auparavant que le lecteur ne devra pas s'étonner de constater, en lisant les exemples qui accompagnent ces définitions, qu'il s'agit ici de recherche expérimentale. Cela est volontaire, car c'est la démarche la plus facile en raison du matériel déjà accumulé. De plus, tous les exemples sont tirés d'une même étude[3], ce qui facilite la compréhension et l'intégration des éléments traités à partir d'une expérience réelle. Quant à l'ordre de présentation et à l'interprétation du contenu pour des besoins plus spécifiques, il peut varier selon le type de recherche et le style du chercheur qui reflète l'autonomie du chercheur sur le plan intellectuel. Voici les éléments du contenu didactique:

- le titre;

- l'introduction au problème de la recherche;

- le but et les objectifs;

- l'aspect rationnel de l'étude;

- la recension des écrits;

- – la définition des termes;
- – l'hypothèse de solution;
- – la description des sujets;
- – la description des procédures;
- – la délimitation de la recherche;
- – la limitation de la recherche;
- – le matériel et les instruments de la vérification;
- – la logistique;
- – la bibliographie; et
- – les appendices.

Le titre

Le titre d'un rapport de recherche doit être précis. Les gens qui choisissent de lire un rapport en particulier ont probablement décidé de le faire à partir de son titre. Dans une certaine mesure, le titre est un élément très important du rapport car il représente le nom de la recherche et informe le lecteur sur la raison d'être de celle-ci. Il doit être le plus bref possible tout en contenant un maximum d'informations. Généralement, le titre comprend trois éléments: la nature des principales variables contenues dans l'étude, le type de relations que l'on veut explorer ou vérifier et, finalement, la population concernée par la recherche.

Les variables   Le chercheur doit repérer toutes les variables d'un projet. Lorsque nous parlons de déterminer les variables, nous entendons par là les variables dépendantes et indépendantes, s'il s'agit d'une recherche expérimentale, ou les principales variables étudiées pour un autre type de recherche. La variable dépendante est celle dont le chercheur essaie d'expliquer les variations. La variable indépendante est celle dont on tente de mesurer et comprendre l'influence sur la variable dépendante. Par exemple, si nous désirons vérifier l'effet de la curiosité sur un changement d'attitude, la curiosité constitue la variable indépendante et le changement d'attitude, la variable dépendante.

Le type de relation   Dans le cas d'une recherche expérimentale, le titre peut commencer par: *Effet de... Vérification de...* Lorsqu'il s'agit d'une recherche corrélative, descriptive ou qualitative, le titre peut être plus long et ressembler aux phrases suivantes: *La relation entre...*, *Une étude de...* ou *Une analyse de...* Dans le cas des études corrélatives, il semble plus approprié de parler de variables antécédentes et de variables conséquentes au lieu de variables dépendantes et de variables indépendantes, car il n'y a pas nécessairement une relation de cause à effet.

La population visée   Lorsqu'on parle de déterminer la population visée, il s'agit de préciser le groupe de personnes concerné par la recherche. C'est ce qui précise les limites de la recherche, et renseigne sur le fait que les résultats de l'étude sont applicables à tel type d'individus et pas nécessairement à d'autres. C'est un élément de la validité externe. Si nous reprenons l'exemple précédent, il faudrait ajouter, dans le titre, le groupe de personnes étudié. Par exemple, un titre satisfaisant pourrait être: *L'effet de la curiosité sur l'attitude des élèves du secondaire IV envers la physique.*

Autre point à retenir: il faut éviter les titres prétentieux. Un titre doit être aussi bref et simple que possible. Par exemple, s'il excède une quinzaine de mots, il est trop long. Voici un exemple de titre non conforme: *Une recherche sur les effets d'une méthode traditionnelle pour introduire la science au niveau élémentaire de la Commission scolaire X, comparativement à la méthode basée sur la découverte et sur le changement d'attitude des élèves envers la science.* Voici maintenant une reformulation plus adéquate: *Comparaison entre deux méthodes d'apprentissage en science à l'élémentaire, et leurs répercussions sur l'attitude des élèves.*

Nous tenons à insister encore sur l'importance d'un titre bref et concret, étant donné l'espace minime utilisable pour retrouver les titres des recherches à partir de systèmes électroniques. Il est préférable de s'en tenir à cette règle pour éviter les mauvaises interprétations.

L'introduction au problème de la recherche

L'introduction ouvre la voie à la recherche proprement dite. C'est le développement du problème avec son histoire, son énoncé et sa formulation sous forme d'hypothèse ou de spéculation.

L'introduction présente brièvement l'état des connaissances acquises sur un sujet. Il faut s'assurer que le lecteur est assez familiarisé avec le domaine à l'étude. On mentionne, généralement, quelques expériences pertinentes qui servent de base à la recherche. Par exemple: *Katz (1960) a découvert, etc.* Il s'agit de décrire ces expériences clés de façon concise afin de situer le sujet par rapport aux grands courants de la recherche dans le domaine étudié. Quelquefois, l'introduction consiste en une brève recension des écrits sur la question, ce qui offre une vision rétrospective des recherches les plus pertinentes et engage le lecteur dans la perspective de la recherche en cours.

Cette démarche assurée, il convient d'indiquer le fil conducteur, de préciser le but et les objectifs de l'expérience. Le but devrait préciser la relation fonctionnelle entre les variables étudiées. Par exemple: *Le but de telle recherche est de...* Il s'agit d'énoncer clairement le problème dont il est question. Vient ensuite la présentation du plan, qui trace les grandes divisions telles qu'elles apparaîtront dans le mémoire. Il ne s'agit pas de répéter la table des matières, mais plutôt de bien établir et de faire ressortir les liens logiques existant entre les chapitres.

Exemple d'introduction: *Lorsque Aristote a cherché à définir la curiosité de l'homme comme un désir inné de savoir et de connaître, il a réfléchi au besoin du cerveau humain et à sa capacité de traiter l'information, besoin qui sous-tend le phénomène du comportement exploratoire.*

Les animaux et les hommes explorent toujours leur environnement. Le fait qu'ils le fassent sans motif apparent a depuis longtemps été une source de spéculation. Qui plus est: il y a même des moments où animaux et humains vont jusqu'à subir des sévices à seule fin de continuer d'explorer, sans même qu'il y ait des raisons suffisantes pour justifier un tel comportement.

La formulation du concept de la motivation intrinsèque s'inscrit dans ce cadre. Il y a aujourd'hui plusieurs définitions de l'expression (voir Deci, 1975), mais son étude systématique reste toute nouvelle. Encore en 1978, Lepper et Greene ont senti le besoin d'accorder plus d'attention aux facteurs intrinsèques du comportement.

Par ailleurs, si le modèle théorique a besoin d'être approfondi, il est nécessaire, pour ce faire, de posséder les instruments de mesure appropriés. Leur utilisation pourra alors faire avancer le schème théorique (McReynolds, 1971; p. 163).

Day (1971) a proposé un instrument psychométrique qui définit et tente de mesurer le trait de curiosité spécifique. Il s'agit de l'Ontario Test of Intrinsic Motivation (O.T.I.M.). Ce concept dit de curiosité spécifique tient ses origines de la théorie de Daniel E. Berlyne sur le comportement exploratoire.

Langevin (1970) a conclu, à partir de ses recherches sur la curiosité, que le concept possède de la validité, mais qu'il n'est pas unitaire. La présente étude a pour but de raffiner l'opérationnalisation du concept de motivation intrinsèque et d'étudier sa conceptualisation «multidimensionnelle».

Brièvement, l'introduction doit contenir l'essence de la recherche, sa dimension. C'est pourquoi le meilleur moment de sa rédaction définitive doit se faire en dernier lieu, lorsque la phase de la recherche proprement dite est finie, car l'auteur possède alors une vision globale de la problématique. Quant à la façon d'organiser ses éléments, c'est une question de logique et de jugement. Nous conseillons au lecteur de revoir, à ce sujet, la notion de recherche significative dans la deuxième section du premier module.

Le but et les objectifs

Cette partie doit être courte — pas plus de 50 mots — ce qui suffit pour préciser les relations fonctionnelles à l'étude. Lors de la rédaction de ce paragraphe, il faut éviter les mots «cause» et «effet», car un objectif n'est pas une hypothèse de recherche ni une tentative d'explication.

Le but concerne la justification de l'étude tandis qu'un objectif précise les actions que le chercheur se propose de faire pour atteindre les buts visés. C'est à l'étape réservée au rationnel que le chercheur doit justifier chacun des objectifs qu'il a choisis en utilisant un verbe d'action précis.

Exemple de présentation d'un but et des objectifs d'une étude: *Le but de cette recherche consiste d'abord à rendre opérationnel le concept de motivation intrinsèque et à en vérifier le caractère multidimensionnel. Les objectifs spécifiques de la recherche sont :*

- *de développer une version abrégée de l'O.T.I.M. en améliorant ses qualités psychométriques et en établissant la validité du construit;*

- *de démontrer une relation différentielle entre chacune des dimensions de la motivation intrinsèque et le rendement scolaire dans diverses matières d'enseignement.*

L'aspect rationnel de l'étude

Le but du rationnel est de présenter le cas de chaque objectif. Normalement, le rationnel peut représenter une demi-page par objectif, selon l'ampleur de l'étude; le rationnel ne devrait toutefois pas excéder deux pages par objectif.

En d'autres termes, le rationnel explicite le comment et le pourquoi de telle relation, de tel objectif. Il peut faire la lumière à partir des trois points de vue suivants:

- les écrits et les publications;
- les théories qui supportent les objectifs avancés; et
- les expériences personnelles.

Lorsque le rationnel exige plusieurs pages de texte, il est avantageux de le séparer en sous-sections à partir des objectifs proposés.

Voici un exemple de présentation d'un rationnel conforme à ces critères.

Plusieurs prédictions peuvent être faites à partir de chacun des objectifs spécifiques décrits ci-dessus. Il est prédit, au sujet du premier objectif, qu'une version abrégée de l'O.T.I.M. pourra être développée en réduisant l'erreur de mesure, en augmentant les indices de validité interne, en maintenant les indices de fidélité et en réduisant le nombre des sous-échelles.

Même si une étude pilote (Ouellet, Ramsay et Ayotte, 1978) indiquait que l'O.T.I.M. pouvait être amélioré, il n'existe pas encore une autre version de cet instrument.

Il est en outre prédit, au sujet du premier objectif, que la motivation intrinsèque est un concept viable et nécessaire, à la fois différent d'autres construits et similaire à ceux-ci, tels l'intelligence, l'extroversion, l'anxiété, le désir d'approbation sociale et le locus de contrôle. Étant donné l'appropriation favorable que l'O.T.I.M. a originellement reçue, il est impératif de démontrer de façon empirique la validité du construit du concept par des analyses de validité convergente et de validité divergente.

Finalement, le développement d'un instrument en langue française est également impératif, étant donné l'absence d'instrument susceptible de servir à la recherche sur la motivation intrinsèque dans cette langue.

Le second objectif prédit que plus un élève atteint un score et une motivation intrinsèque élevés sur l'échelle de l'O.T.I.M., mieux il réussira dans les matières des sciences.

Si, de fait, le rendement scolaire peut être conçu comme une quête de savoir, il s'inscrit bien dans le cadre théorique du comportement épistémique de Berlyne (1963).

Même s'il est acquis que les motifs de la réussite scolaire sont nombreux, il est proposé que le conflit conceptuel créé par l'introduction d'un nouveau programme ou d'une nouvelle matière sera suffisant pour augmenter le rendement scolaire des étudiants jugés curieux par rapport à ceux qui seront jugés non curieux. De plus, si la motivation intrinsèque est multidimensionnelle, la valence du conflit conceptuel variera selon les différentes matières.

La plupart des recherches sur la motivation intrinsèque (Deci, 1975; Lepper et Greene, 1978) ont utilisé le concept comme variable dépendante. Cependant, peu d'études en ont rapporté l'utilisation comme variable indépendante (Day et Maynes, 1972) et moins encore dans le contexte d'un rendement lié à la vie quotidienne.

La recension des écrits

Cette partie de la proposition de recherche doit être présentée sous forme de sommaire au comité de recherche ou au superviseur. Cette recension des écrits devrait présenter l'essentiel de l'orientation qu'on veut donner aux écrits dans le domaine à l'étude (voir module 5).

La définition des termes

La définition de toutes les abréviations utilisées dans le texte est nécessaire, même si elle a déjà été faite lors d'une première utilisation, comme on a pu le voir dans le cas de l'O.T.I.M. (*Ontario Test of Intrinsic Motivation*).

La meilleure façon de définir les termes est encore de se référer aux définitions que nous retrouvons lors de la recension des écrits. Il s'agit de faire ressortir l'antithèse entre les points forts et les points faibles de ces définitions et, finalement, de sélectionner les plus adéquates pour représenter la réalité qui nous intéresse.

Anxiété   Trait caractéristique d'un individu se trouvant dans un état de peur non spécifique.

Comportement épistémique   Comportement orienté vers l'acquisition de connaissances. Comportement d'exploration qui implique les processus cognitifs pour résoudre un conflit conceptuel.

Comportement exploratoire   Orientation par le mouvement et la lo-comotion vers une nouvelle situation qui peut impliquer les processus co-gnitifs pour résoudre un conflit perceptuel.

Curiosité spécifique   Trait caractéristique d'une personne qui se déplace vers des éléments de son environnement nouveaux, ambigus ou complexes pour les explorer et les étudier.

Désir d'approbation sociale   Construit qui se réfère à la tendance de se décrire de façon favorable et conforme à la norme sociale dans le but d'obtenir l'approbation des autres.

Extroversion   Trait caractéristique d'une personne qui, de préférence, oriente ses activités vers les situations sociales.

Intelligence   Capacité d'une personne à se servir de symboles et d'abstractions pour apprendre, juger, comprendre, raisonner et s'adapter à son environnement.

Introversion   Trait caractéristique d'une personne qui oriente ses acti-vités de préférence vers des réflexions et un travail personnels.

Locus de contrôle   Construit qui se réfère à la tendance de percevoir les résultats d'un comportement comme étant contingents par rapport à ses propres actions (contingence interne).

Motivation intrinsèque   Trait caractéristique d'une personne qui pour-suit ses activités sans raison externe ou motif apparent.

Niveau socio-économique   Construit qui se réfère à la position oc-cupée dans la communauté selon le revenu, l'éducation, l'emploi, la fa-mille ou certaines attitudes.

L'hypothèse de solution

L'usage de l'hypothèse systématique est la principale différence entre l'approche scientifique classique inductivo-hypothético-déductive (I.H.D.), et l'approche inductive. L'approche scientifique est généralement décrite, en effet, comme un processus au cours duquel le chercheur entreprend un va-et-vient inductif de l'observation à l'hypothèse et déduit de façon logique des conséquences, des explications à partir de l'hypothèse. Selon un raisonnement essentiellement inductif, on fait les observations d'abord, puis on organise les informations trouvées. Pour comprendre globalement la notion d'hypothèse de solution, il est important *de clarifier les concepts, d'expliciter l'hypothèse et de spécifier les variables* (voir module 5, la notion d'hypothèse en relation avec les concepts et les variables).

Clarifier les concepts   La formulation en termes clairs des concepts que l'on utilise dans un schème de recherche est une condition requise pour la validation de toute recherche qui vise à établir des relations fonctionnelles entre les concepts. On peut être moins exigeant lorsqu'il s'agit d'une recherche qualitative, c'est-à-dire de stratégies de description ou d'observation, dont le but est de percevoir plus clairement le problème à résoudre. Les définitions et les concepts utilisés doivent être définis par le chercheur ou, dans le cas contraire, corrrespondre à un usage courant dans le domaine et la discipline en question.

Expliciter l'hypothèse   Peu importe le type de recherche, elle devrait comporter une hypothèse de solution au sujet de la question posée, c'est-à-dire une question dirigée. Même si l'hypothèse n'est pas formulée de façon explicite, elle peut être implicite dans l'énoncé des objectifs ou des propositions de solution. Cela est vrai aussi bien pour les recherches qualitatives que quantitatives. Nous constatons que c'est surtout dans le cas des recherches expérimentales que l'hypothèse est explicitée. Cependant, il devrait en être ainsi pour tous les types de recherche. Comment peut-on évaluer l'effort de la recherche si, au départ, on ne connaît pas dans quelle direction le chercheur pose son questionnement?

Spécifier les variables   Dans les cas de recherches expérimentales, il est indispensable de préciser les variables que l'on veut manipuler et celles que l'on souhaite contrôler. Pour ce qui est des autres types de recherches, le problème est plus complexe, car le schéma causal ne s'applique pas de la même façon et on doit être très attentif pour ne pas nuire à la compréhension et conserver le sens du concept.

La description des sujets

Cette section doit décrire la population cible, constituée des sujets que l'on se propose d'utiliser pour la recherche. On doit y trouver un tableau comportant la description des groupes et leur organisation, la grandeur de l'échantillonnage et le nombre de sujets participant à l'expérience.

Une définition et des critères de présentation de la population visée appropriés sont nécessaires si l'on veut que le lecteur soit en mesure de se prononcer sur la généralisation et la   pertinence des résultats. Voici un exemple de formulation: *Les élèves qui ont participé à l'expérience étaient en secondaire III à la polyvalente Charles-Gravel de Chicoutimi; élèves des deux sexes, ils étaient tous Canadiens français.*

À la suite de cette description, nous pouvons parler de la procédure d'échantillonnage ainsi que du nombre de sujets sélectionnés. Il faut repérer tous les facteurs et éléments pertinents, sans donner de détails inutiles, comme l'explication d'une formule statistique connue de tous ou d'une formule détaillée concernant l'échantillonnage au hasard, elle aussi connue.

La description des procédures

Cette section de la recherche doit décrire les divers instruments de recherche utilisés dans l'étude. La présentation inclut l'analyse de la validité et de la fiabilité des instruments et décrit de façon détaillée les procédures utilisées et les instructions présentées aux sujets étudiés. Par exemple, si on présente un film ou si on doit lire des instructions aux participants, il faut alors préciser le contenu et dire quelles sont les instructions. Lorsqu'on parle du matériel, il faut aussi nommer la personne qui l'a produit, comment il a été élaboré, le temps qu'il a fallu pour l'utiliser, son coût, la date de sa publication, etc. On doit enfin décrire en détail les instruments de mesure sélectionnés et tous les autres outils requis pour la cueillette des données. Par instruments de mesure, on entend généralement les tests, dont on doit préciser la nature (test objectif ou autre), le mode de présentation des points contenus dans le test, la manière de s'y prendre pour répondre aux questions, les caractéristiques mesurées, la validité et la fidélité du test, le temps qu'il faut pour y répondre, bref, décrire la procédure et toutes les mesures utilisées.

Voilà donc les informations que doit contenir un rapport de recherche en ce qui a trait au matériel et aux instruments utilisés. Lorsque ces informations sont bien structurées, elles prennent très peu de place et favorisent la compréhension.

La délimitation de la recherche

La délimitation de l'étude concerne la description de son étendue; c'est une restriction que le chercheur s'impose volontairement. Il ne s'agit pas seulement de décrire la délimitation, mais bien de préciser comment elle peut restreindre la possibilité d'extrapoler les résultats. La délimitation fixe le degré de restriction de l'étude, c'est-à-dire son application à une région géographique particulière ou à un groupe de sujets et fixe également la restriction dans le cas de certaines variables opérationnelles.

La limitation de la recherche

La limitation est la description de restrictions imposées involontairement et qui sont hors de la volonté du chercheur. La limitation doit être discutée de la même manière que la délimitation, en ce sens qu'il faut préciser également comment ce genre de restriction peut réduire l'extrapolation des résultats de la recherche. La limitation concerne les sujets volontaires, la façon de choisir, l'incapacité de contrôler toutes les variables qui peuvent influencer les résultats et les limites imposées par une organisation.

En terminant ces propos sur la délimitation et la limitation, il semble pertinent d'insister sur l'importance du rationnel et de ses rapports avec les limitations et les délimitations de l'étude. Ces trois termes sont intimement liés. Le rationnel sert de base logique à la recherche, et la délimitation ainsi que la limitation indiquent les restrictions en ce qui concerne l'étendue de l'étude et son objectif.

Le matériel et les instruments de la vérification

Le plan expérimental ou plan d'observation   Le plan de la recherche doit clairement démontrer comment l'étude est planifiée en vue de vérifier l'hypothèse de départ ou la solution proposée. Premièrement, il doit contenir la relation entre le traitement et l'hypothèse formulée, si tel est le cas et, deuxièmement, la façon de contrôler les variables utilisées en explicitant le plan expérimental en détail et en précisant pourquoi ce plan est jugé efficace dans la situation présente. Souvent, le lecteur veut savoir quelles sont les possibilités pour certaines variables de nuire à l'expérience; c'est pourquoi il est utile de fournir quelques explications sur ces variables. Dans le cas d'un plan d'observation sans manipulation, celui-ci doit clairement démontrer comment les concepts sont classés, comparés, etc.

La cueillette des informations   Il s'agit de décrire comment s'effectue la cueillette des informations et la procédure utilisée, en incluant le calendrier de travail et les instructions. Cette partie doit comprendre une description complète de la démarche reliée à l'étude. L'assemblage des informations constitue un élément fondamental de toute présentation d'une recherche. Elle comprend une brève description du travail de l'expérimentateur auprès des sujets étudiés, des informations concernant le temps requis ainsi que d'autres renseignements susceptibles d'être utiles. Précisons qu'il ne faut pas confondre cette section avec celle qui traite des instruments de recherche et de la procédure.

L'analyse quantitative ou l'analyse qualitative   La dernière étape en rapport avec le plan expérimental ou plan d'observation est la méthode d'analyse du traitement des données par des procédés statistiques ou autres. Elle comprend:

- les procédés statistiques, si tel est le cas;

- la logique des procédés;

- le degré de signification statistique, quoique ce dernier élément apparaisse normalement dans la section des résultats; et

- les critères de classification de la signification des données, s'il s'agit d'une recherche plutôt qualitative (relire dans le premier module la partie traitant de la signification d'un problème).

La logistique

Généralement, la logistique comprend trois ensembles d'informations: le calendrier de travail, le financement et l'organisme.

Le calendrier de travail   Le calendrier doit fournir quatre catégories d'informations pertinentes:

- la planification des activités;

- la date du début et celle de la fin de la recherche;

- l'état de la recherche au moment de la proposition; et

- l'équipement disponible.

Le financement   Le chercheur doit préciser la somme requise et la source du financement s'il y a lieu. Selon l'étude, l'organisation peut être nationale ou locale; elle peut donner droit à un financement de la part de certains organismes.

L'organisme   La recherche est-elle entreprise par un professeur, une école, une université, un groupe? Une évaluation préalable doit normalement avoir été faite s'il s'agit d'une organisation importante.

La bibliographie

Le chercheur doit préciser les références citées et celles qu'il a consultées. Quant à la façon de présenter les écrits et les ouvrages qui traitent d'un problème en profondeur, nous conseillons au chercheur de s'informer judicieusement et de choisir une méthode standard reconnue[4,5,6,7,8,9].

Les appendices

Tous les documents ou les outils nécessaires à la recherche devraient être présentés en appendice.

Module 7
L'évaluation holistique de la recherche

Le but du présent module est d'aider le superviseur à évaluer globalement les activités relatives à *chacune des étapes du travail de recherche*. Nous définissons l'évaluation globale comme l'ensemble de toutes les activités coordonnées dans la démarche de la recherche du début jusqu'à la fin: *de la proposition de la recherche jusqu'à la rédaction du rapport.*

Pour que le chercheur puisse conserver une certaine *autonomie* dans sa formation en recherche, il doit se munir de moyens de contrôle et être en mesure d'agencer les activités d'après un système d'évaluation connu de lui-même et de son superviseur. Nous avons décrit cette réalité comme un système: une combinaison d'éléments et d'activités en vue d'un produit fini (module 6).

Il ne suffit pas d'expliquer la fonction de chacun des éléments dans une structure; nous devons aussi comprendre comment toutes les activités sont interreliées et peuvent s'adapter les unes aux autres en s'ajustant continuellement. C'est là la véritable raison d'être de l'évaluation holistique en recherche et le but d'un système qui «s'auto-réalise», qui s'adapte.

Lorsque nous conduisons une automobile et que tout va bien, nous considérons le volant comme un instrument servant à changer de direction, sans porter attention à son fonctionnement global, à son insertion dans un tout. Mais dès que survient une difficulté dans la conduite, lorsque la voiture ne fonctionne plus, le volant nous apparaît comme une partie nécessaire dans un tout; nous considérons alors chaque élément en relation avec la conduite, ce qui permet de repérer la difficulté, d'évaluer l'ennui, de régler le problème. C'est le même principe en recherche. Afin de pouvoir évaluer et réajuster la conduite d'une recherche, nous devons comprendre comment chacune des activités fonctionne au cours des différentes étapes, et comment elles s'appuient mutuellement pour en arriver au produit recherché.

Pour mieux comprendre la relation entre le *pourquoi* et le *comment*, prenons un autre exemple encore plus complexe, celui du sens de la vie. La perception que nous avons du sens de la vie en ce qui concerne le bien-être et le malaise est un exemple qui permet de comprendre la différence encore plus fondamentale entre le pourquoi et le comment. Lorsque tout fonctionne normalement dans notre organisme, nous n'avons pas besoin d'une vision microscopique pour en évaluer la sensation. Notre bonne humeur traduit le bien-être ressenti sans être associée à un organe en particulier; nous sommes rassurés sur notre état général. Toutefois, lorsque nous ressentons un malaise, nous passons en revue les différentes parties du «tout» humain, les sous-systèmes, afin d'en repérer les causes probables. C'est exactement ce que nous devons faire dans le cas d'un travail de recherche: nous avons besoin de voir l'ensemble du processus et de connaître les différentes activités (parties) pour nous ajuster au fur et à mesure[1].

Différents écrits[2,3,4,5,6] montrent que nous pouvons regrouper l'évaluation holistique d'un travail en considérant six points correspondant aux étapes qui constituent l'ensemble du travail de recherche:

- préparation de la proposition de recherche;
- formulation du projet;
- cueillette des informations;

- traitement des données;
- interprétation des résultats; et
- communication des résultats.

C'est à partir de ces étapes que le chercheur réajuste ses activités et corrige sa démarche à l'aide de six modèles qui s'imbriquent les uns dans les autres pour former un tout. Le modèle est un plan opérationnel contenant les éléments essentiels à la réalisation d'une étape. Les éléments, à chaque étape, peuvent être physiques ou humains; ils prennent différentes formes, selon les besoins et le but de l'étape en question.

La notion de modèle est fondamentale en recherche, puisque c'est la représentation fonctionnelle de la réalité permettant de retenir certains paramètres de cette réalité. Si une personne prétend faire une démarche scientifique, elle doit pouvoir indiquer le modèle utilisé. L'*appréciation* d'un modèle se fait selon trois critères[7]:

- la capacité de rendre compte des données de la réalité;
- la cohérence interne des termes utilisés (validité interne); et
- le pouvoir de prédiction (validité externe).

Modèle de préparation de la proposition de recherche

Ce modèle concerne la politique à suivre lors de l'élaboration de la proposition de recherche, politique qui tient compte des normes de l'institution qui décernera le diplôme et de certains standards scientifiques. Nous savons que le processus d'identification d'un projet de recherche et sa résolution peut varier selon les établissements et les disciplines, d'où l'importance, pour un étudiant, de s'informer sur les rouages de l'organisation des études supérieures dans son université avant de se lancer dans sa recherche.

Modèle de formulation du projet

Ce modèle porte sur l'organisation et la coordination des actions opératoires de la recherche qui tiennent compte du style de gestion de l'étudiant, du protocole d'entente, du type de recherche, de la procédure en vigueur. Chaque type de recherche exige un plan d'action différent. Organiser une action consiste à employer tous les moyens dont on dispose pour qu'elle s'effectue dans les meilleures conditions possibles. Pourquoi évaluer l'organisation et la coordination? D'abord pour mieux adapter nos actions ou celles de nos partenaires à la situation de recherche et obtenir les résultats prévus dans les meilleures conditions: c'est cela faire une planification adéquate des activités de la recherche.

L'évaluation d'une situation de travail de recherche est complexe et comprend des aspects technique, psychologique, économique et déontologique. Sans entrer dans les détails au sujet de ces aspects, nous pouvons les regrouper sous la dénomination globale d'*organisation du travail* et les diviser en trois types de coordination:

- l'organisation du travail technique: exécution;
- l'organisation du travail administratif: information; et
- l'organisation du travail de gestion: décision.

L'organisation du travail technique concerne l'exécution matérielle du travail: cueillette de données, construction des instruments, etc. Celle du travail administratif consiste à recueillir toute l'information nécessaire à la compréhension et à l'exécution du travail technique. L'organisation du travail de gestion concerne les décisions à prendre à différents moments du projet.

Reprenons l'exemple de l'instrument de mesure. De quelles informations avons-nous besoin pour établir les procédures dans les meilleures conditions: identité de la population visée, expérience des sujets, informations sur les contextes physique, politique, économique, culturel, etc.? S'il doit y avoir un traitement, comment le faire? Quels documents utiliser? Qui décidera? Le sens du mot *organisation* rejoint ici celui du mot anglais *management*. Il englobe tout ce qui concerne les décisions prises en fonction d'un travail. Qui a pris la décision de faire telles modifications, d'utiliser telle procédure lors de l'utilisation de tel instrument? L'étudiant, le superviseur, le comité de recherche? La compréhension de ces trois dimensions de l'organisation du travail aide à la coordination, bien qu'en pratique ces trois façons d'organiser le travail ne soient pas nettement séparées.

Modèle de cueillette des informations

Ce modèle se rapporte à l'organisation de l'information. Suivant le type de recherche, la cueillette des données peut se faire selon une

procédure statistique, à partir d'hypothèses ou par observation plus qualitative à partir d'objectifs opérationnels. Nous savons que dans le cas de
plusieurs domaines de recherche, les *définitions opérationnelles* ne sont
pas nécessaires parce que les chercheurs travaillent avec des variables définies par d'autres chercheurs: documents, matériel déjà utilisé, données statistiques, etc. C'est pourquoi le modèle qui servira à la cueillette des informations est indispensable et doit faire l'objet d'une attention particulière.
Les approches descriptives, corrélationnelles, factorielles et expérimentales
n'impliquent pas les mêmes protocoles de recherche ni les mêmes compromis.

Lorsqu'on entreprend une recherche scientifique, il faut bien s'assurer
que l'on ne s'imagine pas savoir ce qu'en fait on ignore. Il n'y a pas de
jeunes chercheurs qui n'aient été victimes de cette illusion. Il faut, au
contraire, quand on fait de la recherche, penser à des expériences possibles pour vérifier chacune des solutions proposées ou, si l'on veut, des
hypothèses de solution. Lorsqu'on prévoit une expérience, il faut également savoir comment se fera la cueillette des données, connaître les possibilités afin de ne pas se retrouver dans une situation d'échec au niveau de
l'expérience à cause d'un manque d'organisation.

En fait, on ne peut parler d'échec que lorsqu'on ne peut tirer d'une
expérience aucune conclusion valable, dans un sens ou dans l'autre. En
d'autres termes, il est impossible d'infirmer ou de confirmer l'hypothèse
ou la solution proposée sans un minimum de certitude. Il faut donc redou-
bler de prudence avant de recueillir les données basées sur l'expérience
ou l'observation. L'habileté se manifeste par la manière de recueillir des
données qui fournissent les éléments nécessaires permettant de vérifier une
hypothèse ou de clarifier une situation précise. Et pour mettre au point un
modèle efficace de cueillette des données, il faut connaître l'ensemble du
système de la recherche et n'en conserver que les éléments essentiels.

Modèle de traitement des données

Ce *modèle* porte sur l'analyse et la synthèse des données: il est indispensable pour toute recherche, qu'elle soit qualitative ou quantitative.
Plusieurs stratégies s'avèrent possibles surtout pour l'analyse et la synthèse
des données quand il s'agit d'une approche quantitative. Il en va de même
pour certaines recherches qualitatives où les statistiques descriptives ne
sont pas nécessaires. Toutefois, la description et l'analyse qualitative du
contenu exigent un modèle de classification particulier, ou encore l'étude
du sens des mots.

Modèle d'interprétation des résultats

Ce *modèle* concerne la formulation des résultats de façon compréhensible. C'est un point très important, puisqu'il s'agit d'une recherche qui fera avancer les connaissances, et nous devons distinguer les résultats probables des résultats effectifs. Il faut aussi considérer qu'un rapport interne ou, si l'on veut, une publication dans le journal interne d'une institution n'a pas la même portée qu'une publication dans une revue à large diffusion. Ainsi, il est nécessaire, dans l'interprétation des résultats, de connaître l'impact prévisible sous l'angle de la généralisation, de l'applicabilité, de la pertinence pour l'avancement de la science, des retombées pour la pratique pédagogique ainsi que du développement d'une méthodologie nouvelle.

Au sens d'une démarche de recherche-action où la motivation est présente, les résultats effectifs demeurent souvent importants sur le plan qualitatif, malgré des écarts possibles comparativement à ceux des premières attentes. C'est pourquoi l'interprétation des résultats sous forme d'une *reformulation plus compréhensible* demeure une étape que l'on ne doit pas prendre à la légère si on veut aider les autres chercheurs qui s'engageront dans la même voie et leur éviter de recommencer l'expérience à zéro.

Modèle de communication des résultats

Ce *modèle* concerne la publication des résultats, ce qui n'est pas une mince affaire. Il est nécessaire de s'informer sur la méthodologie en vigueur pour la présentation des résultats, afin de communiquer le tout de façon rigoureuse, chapitre par chapitre, sans pour autant perdre le sens des relations entre chacun d'eux. Il ne faut pas oublier non plus que les évaluateurs du rapport ont l'habitude de retrouver les informations selon le style traditionnel d'une présentation. Certaines règles doivent être respectées quant à l'organisation des divisions à l'intérieur de chacun des chapitres, conformément aux normes de chaque établissement. Un rapport de recherche n'est pas un long monologue ni un livre de poésie; l'auteur doit s'exprimer avec clarté et se rappeler constamment que c'est pour les autres qu'il rédige les résultats de son travail.

Le module 7 décrit une stratégie holistique lors de l'évaluation de tout processus d'un travail de recherche. Comme nous l'avons déjà précisé, l'évaluation holistique consiste à préciser le rationnel et à recueillir toutes les informations nécessaires pour faire un maximum de lumière sur le processus de la mesure. La stratégie d'évaluation doit répondre à un besoin de choisir les sous-éléments tout au long du travail.

Enfin, il est très important de constater comment ces étapes sont interreliées pour former un tout. Lorsqu'on construit une maison, on commence par les fondations et on connaît déjà l'ensemble des autres matériaux. Il en est de même au début d'une recherche: la proposition est le germe de la recherche et contient déjà l'ensemble des éléments que l'on retrouvera aux diverses étapes. Le module 8 de ce chapitre présente donc un modèle d'agencement du contenu en chapitres.

Module 8
La rédaction scientifique de la recherche

Le module 8 a pour but d'aider l'étudiant à organiser de façon scientifique les chapitres du mémoire ou de la thèse les uns par rapport aux autres: il s'agit du modèle de la communication des résultats. L'organisation du contenu à l'intérieur du mémoire ou de la thèse peut varier selon le chercheur. Cependant, quand on examine attentivement diverses publications dans ce sens, on constate qu'il y a une certaine procédure et des normes qui demeurent toujours en vigueur sur la façon de répartir le contenu en cinq chapitres, chacun devant remplir une fonction précise et se structurer en conséquence.

Le présent chapitre ne traitera pas de la méthodologie générale concernant la façon d'organiser les références, la bibliographie, etc. À ce sujet, le lecteur intéressé peut se reporter à la bibliographie d'orientation de cet ouvrage. Précisons que les auteurs cités ont traité le problème en profondeur et que nous croyons inutile d'insister sur ces points, d'autant plus qu'il serait difficile d'apporter une contribution appréciable en ce sens[1,2,3,4,5]. Ce que nous visons avant tout ici, c'est de guider l'étudiant dans l'organisation scientifique des résultats en chapitres. Quant au style, il s'agit d'un apprentissage plus personnel qui s'acquiert avec la pratique et l'expérience.

La structure du premier chapitre

Le but du premier chapitre d'un rapport, d'un mémoire ou d'une thèse est de situer le lecteur par rapport à la problématique de la recherche et, généralement, de répondre globalement aux quatre objectifs suivants:

- informer le lecteur sur le domaine général de l'étude;
- présenter le problème spécifique en rapport avec le domaine étudié;
- détailler le but et les objectifs du projet; et
- présenter le rationnel de l'étude; montrer comment cette dernière est limitée et délimitée dans sa portée.

En outre, le premier chapitre peut être structuré en huit sections ou sous-titres. C'est dans le cadre de ces huit sections que le chercheur peut rendre opérationnels les quatre objectifs mentionnés plus haut. Les huit sections typiques sont les suivantes:

- l'introduction au problème de recherche;
- l'énoncé du problème;
- le but et les objectifs;
- le rationnel de l'étude;
- la définition des termes;
- la délimitation de la recherche;
- la limitation; et
- un aperçu de l'ensemble.

Le lecteur doit se référer au sixième module pour apprendre comment on peut organiser ces sections de façon formelle.

La structure du deuxième chapitre

Le but du deuxième chapitre est de présenter l'analyse critique et une synthèse des écrits pertinents; c'est en somme le construit de la recherche. Ce chapitre peut être le plus facile à décrire, mais, en recherche, le plus difficile à rédiger. L'analyse décrite de façon pertinente doit contenir une critique ferme et précise de l'état réel de la question posée au premier chapitre (voir module 5, la recension des écrits).

La recension des écrits doit couvrir les objectifs suivants:

- présenter les courants majeurs qui ont influencé le domaine à l'étude;

- analyser et faire une synthèse des articles publiés dans ce domaine;

- critiquer de façon objective les articles retenus;

- décrire les éléments montrant comment ces écrits traitent le problème à l'étude; et

- mettre à jour le problème commun révélé dans ces écrits.

Toutefois, pour toute recension d'écrits et afin d'arriver à un sommaire intéressant, nous conseillons à l'étudiant de se poser les questions suivantes:

- Quel était le but de la recherche?

- Qui étaient les sujets qui ont participé à l'étude ou qu'elle était leur nature?

- Quels instruments ont été utilisés?

- Quelles données ont été recueillies?

- Quel genre de plan de recherche a été utilisé?

- Quel genre d'analyse a été privilégié?

- Quelles en sont les conclusions?

- Quels sont les points forts et les points faibles de la recherche?

- Quelle est l'interprétation des résultats?

- Comment les résultats trouvés peuvent-ils servir à la recherche en général?

Dans l'ensemble, on peut dire des *premier et deuxième chapitres d'un rapport qu'ils servent au développement du problème de recherche.* Dans cette optique, le premier chapitre présente le cadre de l'étude et le deuxième fait la synthèse de la recension des écrits et doit déboucher sur la solution de la recherche; c'est ce que nous appelons le sommet de la pyramide ou le problème spécifique. Quelle que soit la façon de procéder, quel que soit le type d'approche du chercheur, il est intéressant de penser qu'en règle générale, ces deux chapitres, que nous appelons *le développement du problème,* constituent en fait la moitié du travail de recherche.

La structure du troisième chapitre

Le but du troisième chapitre est la présentation du plan d'expérimentation ou d'observation, les méthodes et la procédure. Nous avons signalé antérieurement le fait que les méthodes et les procédés doivent être suffisamment clairs afin de permettre au lecteur de reconstituer l'expérience. Généralement, cinq sections suffisent pour décrire en détail les méthodes et la procédure à suivre pour le contrôle de la recherche:

- l'énoncé des hypothèses de solution;

- la description des sujets;

- la description des instruments de recherche;

- la description des procédés; et

- le traitement des données.

Le contrôle signifie que les observations sont planifiées en tenant compte de toutes les contraintes nécessaires. Cela peut vouloir dire, dans le cas d'une recherche qualitative, chercher des expériences parallèles, des contre-expériences et des preuves.

Même si le chapitre 3 semble le plus facile à écrire, l'étudiant doit toutefois prendre conscience que la section de la rédaction des procédés demeure toujours difficile. Il s'agit de bien faire ressortir l'aspect pratique de la théorie, et cela requiert une description rigoureuse du matériel et des appareils utilisés. Globalement, l'introduction de ce chapitre est très brève et se limite à la présentation du but général de la recherche et des grandes lignes du contenu du chapitre. Cette introduction ne doit pas dépasser une demi-page.

La structure du quatrième chapitre

Le but de ce chapitre est de montrer comment présenter les résultats de l'analyse qualitative ou de l'analyse quantitative des données. La présentation doit être suffisamment claire pour que le lecteur puisse se prononcer sur la pertinence de ces analyses. Il existe deux manières de procéder pour aborder le chapitre de la présentation des résultats selon le genre d'analyse.

La première consiste à présenter l'hypothèse, à faire le sommaire des statistiques relatives à cette hypothèse et, finalement, à conclure en indiquant si l'hypothèse statistique est acceptée ou non. Si on opte pour cette démarche, il faut diviser le chapitre en sections devant correspondre aux hypothèses émises. La deuxième manière concerne plutôt l'analyse des résultats; ceux-ci sont présentés dans des sections qui correspondent aux variables dépendantes de la recherche ou aux variables essentielles, lorsqu'il s'agit d'une recherche davantage expérimentale. Cette façon de procéder consiste à présenter un sommaire des données sans référer aux hypothèses de solution et à faire ressortir, par une analyse systématique et concise, toutes les différences importantes. Si on opte pour cette deuxième manière, c'est-à-dire si on commence par les résultats recueillis au moyen des instruments, tous les résultats doivent être présentés, qu'ils soient très révélateurs ou non.

La deuxième façon de procéder est plus exhaustive que la première, plus qualitative, plus systémique et exige davantage d'efforts de la part du rédacteur. Toutefois, indépendamment de l'approche utilisée et du type de recherche, les résultats doivent être présentés par sections à partir soit des hypothèses, soit des données recueillies par les instruments. Il faut respecter les critères suivants s'il s'agit d'une analyse quantitative:

- présenter les techniques des procédés statistiques;

- présenter les statistiques descriptives des résultats;

- présenter les statistiques inférentielles des groupes; et

- présenter une recension détaillée des résultats révélateurs qui sont ressortis de l'étude ou de la recherche.

La structure du cinquième chapitre

Le but du cinquième chapitre vise la présentation des commentaires sur les résultats, leurs répercussions et le type de conclusion que l'on peut formuler. Trois sections suffisent pour interpréter les résultats dans ce chapitre:

- une rétrospective de la recherche;

- une présentation de l'analyse des hypothèses de recherche; et

- une discussion des données et de leurs retombées.

Comment établir les liens entre les hypothèses et les autres connaissances mises à l'épreuve de façon systématique et logique? Cette dernière étape de la rédaction est essentielle, si l'on veut que le chercheur éventuel susceptible de se retrouver devant la mise à l'épreuve d'une hypothèse similaire puisse disposer d'un système pertinent pour formuler des questions. La recherche scientifique doit être «systématique» et «logique». C'est à ce point du processus scientifique, «l'interprétation», que les résultats de la recherche acquièrent un sens véritable. On peut donc dire que le cinquième chapitre est une reformulation de l'ensemble de la recherche. Tous les éléments importants doivent s'y trouver si l'on veut que le lecteur puisse se prononcer sur la congruence des conclusions ou des affirmations.

Conclusion

Un travail de recherche est plus qu'une somme d'activités: c'est une organisation complexe, et pour comprendre et exposer une telle réalité, il est souhaitable d'avoir une vision d'ensemble. Il faut savoir 1) de quoi chacune des parties est composée; 2) comment elles interagissent; et 3) comment les interactions locales se complètent. En ce qui nous concerne, le deuxième chapitre se présente comme un guide holistique, comportant des techniques pratiques qui conviennent au plus grand nombre de situations de recherche possibles. Le schéma de la figure 1 (page 39) permet, dès le départ, de représenter la situation globale de l'organisation holistique du travail de recherche. Le tout est plus que la somme des parties.

Références

MODULE 5

1   OUELLET, André, *Processus de recherche: une approche systémique,* Québec, P.U.Q., 1981, pp. 203-226.

2   PARKER, Jackson et PATTERSON, Jerry L., «Pour un modèle écologique d'évaluation», *Educational Forum,* mars 1979, pp. 13-24.

3   VAN DER MAREN, J.M., *Pour une conception de l'hypothèse et de la recherche en éducation,* Montréal, *Repères,* essais en éducation, n° 5, Université de Montréal, 1985, pp. 11 à 15.

4   SWANSON, Lloyd A. [et al.], *Pertsim: Text and Simulation,* Pennsylvania International Textbook, 1969, pp. 1-11 et pp. 100-105.

5   ARGUIN, Gérard, *La Planification stratégique à l'Université,* 2ᵉ éd., Québec, P.U.Q., 1986, 106 p.

MODULE 6

1   RASER, John R., *Simulation and Society: An Exploration of Scientific Gamins,* Boston (Massachusetts), Allyn and Bacon, 1969, pp. 1-35.

2 CLIFFORD, W. Weedman, *A Guide for the Preparation and Evaluation of the Dissertation or Thesis*, Chicago (Illinois), Adams Press, 1975, 93 p.

3 OUELLET, André, *Projet d'intégration des valeurs dans un cours de physique au secondaire IV et vérification des effets par une approche systémique*, Chicoutimi (Québec), U.Q.A.C., 1978–1984.

4 SHEVENELL, R. H., *Recherche et thèses*, Ottawa, Éditions de l'Université d'Ottawa, 1963, 162 p.

5 GILBERT, C. et PAQUETTE, Jean, *Politiques et règlements régissant le rapport de recherche*, Trois-Rivières, U.Q.T.R., 1980, p. 32.

6 PINARD, Adrien [et al.], *La présentation des thèses et des rapports scientifiques*, Paris, Institut de recherches psychologiques, 1977, 115 p.

7 LUSSIER, Gilles, *La Rédaction des publications scientifiques*, Sillery (Québec), P.U.Q., 1987.

8 BERNIER, Benoît, *Guide de présentation d'un travail de recherche*, 2ᵉ éd., Québec, P.U.Q., 1983, 64 p.

9 GRAVEL, J. Robert, *Guide méthodologique de la recherche*, Québec, P.U.Q., 1978, 55 p.

MODULE 7

1 MINSKY, Marvin, *The Society of Mind*, New-York, Simon and Schuster, 1986, pp. 25-30.

2 OUELLET, André, «Une approche holistique pour l'apprentissage de la méthodologie de la recherche», communication présentée au 6ᵉ colloque international sur les sciences humaines de l'Université d'Ottawa, le 29 mai 1987.

3 KEEVES, John P. Edit., *Educational Research Methodology & Measurement: An International Handbook*, Victoria (Australia), University of Melbourne, section 1; Oxford (Toronto), Pergamon Press, 1988.

4 CHEVRIER, Jacques, *La Spécification de la problématique*, 1984, pp. 51-76.

5 GEPHART, W.J., *Toward A Taxonomy of Emperically, Based Problem Solving Strategies*, Bloomington (Indiana), Phi Delta Kappa, Center for Evaluation, vol. 1, n° 1, décembre 1977.

6 GUAY, L. R., *Educational Research, Competencies for Analysis and Application*, Ohio, C.E. Merrill, 1976, pp. 19 à 315.

7   SMITH, Nick L., Cost Analysis, dans N.L. Smith Edit., *New Techniques for Evaluation,* Beverly Hills (California), Sage Publication, 1981, pp. 13-70.

MODULE 8

1   SALOMON, P.R., *Guide de l'étudiant pour écrire un rapport de recherche en psychologie,* Paris, P.U.F., 1988.

2   OUELLET, André, *Processus de recherche: une approche systémique,* Québec, P.U.Q., 1981, pp. 205-239.

3   BAKER, Robert L. et SCHUTZ, Richard E., *Instructional Product Research,* New-York, American Book Company, 1972, pp. 89-137.

4   LUSSIER, Gilles, *La Rédaction des publications scientifiques,* Sillery (Québec), P.U.Q., 1987, 81 p.

5   WEEDMAN, Clefford W., *A Guide for the Preparation and Evaluation of the Dissertation or Theses,* San Diego (California), 1975, 91 p.

3

Le modèle holistique et les choix en recherche

Comment ajuster son projet aux différents paramètres de la méthodologie générale de recherche?

Objectifs

Lorsqu'on demande à des étudiants, au cours de séminaires de formation, de définir les paramètres empiriques à la base de la méthode générale de recherche, on constate beaucoup de confusion dans leurs réponses. Ils confondent souvent les notions de *paradigme*, de *stratégie*, de *méthode* et de *technique* lors des discussions et essaient de résoudre un problème au moyen d'une stratégie qui ne convient pas. Il arrive aussi qu'on veuille parler de recherche en général, s'entretenir sur la mesure et les statistiques ou définir l'évaluation comme s'il s'agissait d'un genre de recherche. On parle de recherche qualitative et de recherche quantitative en les considérant comme deux entités opposées, alors qu'il faudrait se demander comment réunir ces deux façons de voir la même réalité[1]. Ce chapitre propose donc des solutions à ces difficultés.

Dans l'un ou l'autre cas, chaque personne décrit isolément ce qui l'intéresse, en se disant que la réflexion des autres ne s'applique pas à son discours. Le fait de reconnaître que les niveaux de discours perturbent la communication nous a incité à mettre au point un modèle holistique qui est associé à quatre genres de besoins et caractérisé suivant des choix paradigmatique, stratégique, méthodologique et technique.

L'apprentissage holistique exige que tous les éléments et groupes d'éléments soient présents, organisés dans un système unique et harmonisés de façon globale plutôt qu'en pièces détachées; c'est un mode d'apprentissage qui va du général au particulier, où l'accent est mis autant sur les processus que sur les produits[2].

Nous avons trouvé, lors de sessions d'études, une façon pratique d'exprimer l'ensemble du discours de la recherche en accord avec l'approche holistique. Le modèle peut s'apparenter au schéma d'un arbre comprenant quatre niveaux opératoires indépendants et interdépendants[3]. La figure 2 illustre ce modèle à partir de quatre formes de prise de décision, ou plus précisément quatre prises de conscience visant les réductions et les abstractions.

Le but du modèle holistique est donc de permettre de réconcilier les aspects objectifs et les aspects subjectifs de la réalité, et de concevoir ainsi, sous forme de taxonomie ou d'une hiérarchisation décisionnelle, quatre niveaux d'abstraction, en passant du général au particulier. Le chapitre comporte quatre modules, correspondant respectivement à chacun des quatre niveaux empiriques associés à quatre besoins du discours de la recherche. Plus précisément, le module 9 aborde la notion de paradigme, le module 10 la notion de stratégie, le module 11 la notion de méthode de recherche et le module 12 la notion de technique.

Figure 2

Schéma du modèle holistique de recherche

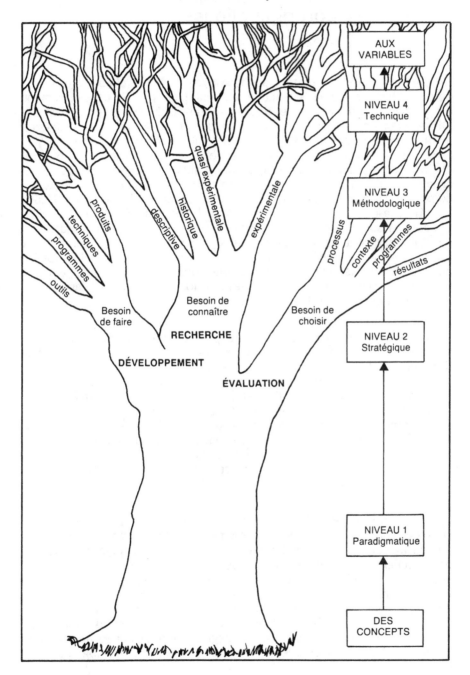

Module 9

Les choix paradigmatiques

De l'Antiquité, en passant par le Moyen Âge, jusqu'aux Temps modernes, l'histoire de la science a été marquée par le développement d'hypothèses fondamentales et d'idées abstraites. Différents termes ont été utilisés pour nommer les paradigmes de pensée ou les types de structures intellectuelles. Citons, à titre d'exemple, l'empirisme, le positivisme, le réalisme, le rationalisme et, plus près de nous, le relativisme et le holisme. On pourrait ajouter à cette longue liste d'autres mots pour désigner ces absolus relatifs en rapport avec les croyances ou les différentes attitudes de pensée. Dans tous les cas, des hypothèses fondamentales servent à décrire les divers aspects de la réalité que l'être humain a dû déterminer pour s'adapter à son univers de connaissances. Un des aspects importants du modèle écologique de la recherche est de trouver les facteurs d'unification du langage de la recherche en vue de stimuler notre compréhension et notre curiosité. La notion de paradigme nous aide, d'une part, à comprendre comment unifier les choses les plus fondamentales et, d'autre part, à combler notre besoin d'un absolu plus concret.

Nous avons présenté, au chapitre premier, deux grands paradigmes souvent perçus comme des entités opposées ou dichotomiques, soit le holisme et le réductionnisme. Vous remarquerez sans doute qu'ils sont associés à des mots comme participation et observation, intuition et analyse, idéalisme et réalisme, formation et information, etc. Ces termes, apparemment dichotomiques, deviennent des choix possibles pour le chercheur et les administrateurs d'un programme de recherche, comme pour le responsable d'un projet spécifique. La problématique fondamentale, en recherche, a toujours été de savoir associer la validité de la question posée à la validité de la solution proposée, d'équilibrer le mesurable et l'immensurable, les données normatives et les données empiriques[4].

La réunion de ces deux types de validité présente en partie la difficulté de réunir les perspectives paradigmatiques du chercheur et celles des administrateurs de la recherche et de la collectivité. Le degré opérationnel de la recherche dépend de la portée des résultats anticipés en fonction des facteurs personnels, des stratégies opérationnelles, des types d'orientation et des techniques disponibles. Comment éviter de tomber dans le piège du non-sens lors d'une recherche? Comment choisir les données essentielles? Comme il est impossible de tout utiliser, il nous faut choisir, parmi de multiples possibilités — postulats, stratégies, méthodes et techniques disponibles —, celles qui sont les mieux appropriées et les plus logiques.

Vers une définition plus concrète de la notion de paradigme

Le concept de paradigme permet de mettre en évidence les différentes tendances et de situer le chercheur par rapport au sens de la démarche. Par exemple, un repérage rapide des écrits en ce domaine convaincra quiconque que le paradigme empirique est privilégié. Patton[5] souligne que les données qualitatives sont peu utilisées et même rejetées lorsqu'elles ne confirment pas les données empiriques; pourtant, ces données demeurent importantes, si l'on veut disposer d'un système pertinent une fois à l'étape de la *formulation de solution*. Cela confirme la thèse de Kuhn[6] qui soutient que la raison pour laquelle un paradigme devient dominant est d'ordre politique. L'idéologie se situe dans les décisions paradigmatiques. Plusieurs auteurs ont déjà présenté des exposés à ce sujet[7,8].

Par ailleurs, il semble évident que, prises isolément, toutes les théories, les méthodes, les stratégies ou les techniques ne sont pas suffisantes aujourd'hui pour saisir la totalité d'un problème, d'où la nécessité d'acquérir une grande souplesse et une certaine ouverture d'esprit en ce qui concerne l'apprentissage de la recherche. L'utilisation de la notion de paradigme est de plus en plus courante dans les ouvrages consacrés aux méthodologies de recherche. Le concept est difficile à saisir puisque les auteurs l'utilisent de façon différente. Masterman[9] réduit la notion de paradigme à trois catégories: le *paradigme métaphysique,* qui nous fait voir l'ensemble d'une science; le *paradigme sociologique,* qui fait ressortir les diverses réalisations d'une discipline et, enfin, le *paradigme constructiviste,* qui donne un sens plus opérationnel, plus restreint, plus concret à la notion de paradigme, lequel comprend les méthodes et les techniques de recherche. Et c'est dans ce sens que nous utiliserons le concept paradigmatique pour les besoins de ce guide méthodologique.

Si nous considérons l'ensemble des éléments de cette notion, nous pouvons conclure, avec Lecomte[10], qu'un paradigme est un schème fondamental qui sert à délimiter et à limiter les phénomènes que nous observons, et nous aide à percevoir la réalité ainsi qu'à comprendre le rôle des valeurs dans le processus de la recherche. Il sert aussi à établir la perspective du chercheur dans son projet, à clarifier les besoins en matière de langage sur les plans philosophique, stratégique, méthodologique et technique. À partir de l'ensemble des éléments décrits dans cette notion de paradigme, le chercheur fait des choix; il peut se situer dans un schème plus fondamental, en harmonie avec ses croyances, ses valeurs, sa perception des choses et ainsi façonner sa problématique de recherche et sa démarche méthodologique.

Les termes concernant les paradigmes sont abstraits; l'accent est mis sur la philosophie de la science; le modèle général et ses composantes sont difficiles à préciser. Un changement de paradigme entraîne une nouvelle façon de penser d'anciens problèmes. Par exemple, celui de la mécanique de Newton, incluant l'ensemble de la gravité et des forces, fut remplacé par la théorie de la relativité d'Einstein, qui constitue présentement le nouveau paradigme de la physique moderne. On change donc de paradigme lorsque l'ancien répond plus ou moins bien aux exigences de la réalité, en d'autres termes, lorsqu'il y a suffisamment d'éléments accumulés en dehors de l'ancien schème. Un nouveau paradigme peut faire la lumière sur des principes qui ont toujours été présents, mais que nous n'avions pas reconnus dans la perspective de l'ancien paradigme à cause de notre façon de penser et de percevoir la réalité.

Vers un changement de paradigme

Le concept de paradigme se limite ici à la notion du changement de paradigme personnel: changement d'attitude, changement d'habitude et changement de façon de voir les choses. Lors de la détermination d'un problème de recherche, il importe de connaître l'élément déclencheur qui motive le chercheur, ce qui pique sa curiosité. Comme on le dit souvent, le changement de paradigme — dans le sens où nous l'entendons — ne consiste pas à acquérir des connaissances à l'infini, mais bien à *poser un regard neuf sur des questions anciennes*. On peut donc diriger les efforts de recherche de façon plus personnelle. L'enjeu est de reconnaître le rôle primordial que joue la dimension humaine dans tout le processus et le sens de la réalité que nous cherchons à comprendre.

Nous avons retenu deux concepts en vue de définir plus concrètement la notion de changement de paradigme: la *prise de conscience* et la *concentration*, qui seront illustrés par un tableau comprenant quatre niveaux. Ces concepts devraient vous aider à évaluer votre aptitude au changement par rapport à la recherche écologique, aptitude qui conscientise le chercheur en tenant compte des limites des connaissances rationnelles.

La conscience en recherche: chercher avec toutes ses facultés

La présente section veut démontrer: 1) l'importance d'une prise de conscience plus totale et 2) comment cette prise de conscience s'exprime et intègre mieux les dimensions affective, cognitive et physiologique. Les habiletés, en recherche, et les dimensions humaines ne peuvent se séparer de la conscience. De la même manière, dans une perspective existentielle, phénoménologique, nous tentons toujours de comprendre à partir de notre perception du monde: grâce à tous nos sens internes et externes[11].

L'une des plus grandes faiblesses des recherches en éducation est l'isolement. Les recherches ne deviendront vraiment scientifiques que lorsqu'elles auront accepté d'intégrer l'idée que tous les aspects de la vie et, particulièrement, de la vie humaine, nécessitent une coopération intime du corps et de l'esprit. Le fameux adage cartésien *cogito ergo sum*, je pense donc je suis (je pense donc je perçois) a conduit l'être humain occidental à ne s'en tenir qu'à l'intellect au lieu de considérer l'ensemble, la totalité de la personne. Le concept de l'être humain entier ou de la personnalité totale est le centre autour duquel doit pivoter la recherche dans le domaine de la science en général et, plus précisément, en éducation. Aujourd'hui plus que jamais, nous devons avoir une conception psychosomatique de l'être humain[12] et une perception environnementale, si nous voulons connaître le monde en profondeur. Bien entendu, nous devons poser la bonne question si nous voulons trouver la bonne solution. En dehors de cela, c'est le néant, le non-sens.

Le fait que la plupart des individus se perçoivent comme des êtres détachés de leur corps est une conséquence fondamentale du dualisme cartésien. Séparée de l'ensemble de la personne, de l'affectif, du cognitif et du psychologique, la conscience se voit investie de la mission de maîtriser ce dualisme, de le juger, de s'autocritiquer. C'est ainsi que se crée un conflit apparent entre la volonté consciente et le subconscient, entre la pensée rationnelle et la pensée intuitive.

Selon le paradigme cartésien, le monde se décompose en parties et on oublie souvent de se rappeler le principe de la totalité: le tout est plus que la somme des parties[13]. Cette fragmentation de l'être humain reflète sa vision du monde, la perception qu'il a des choses et de lui-même. L'environnement matériel est traité de la même façon; tout est perçu et conçu comme autant d'éléments séparés et non systémiques. La dualité cartésienne a édifié et édifie le monde des connaissances, et c'est à partir de ce paradigme que fonctionne la méthode classique de recherche en éducation, méthode provenant des sciences physiques et de la psychologie expérimentale. La question que nous nous posons à la base de cette discussion est la suivante: «Comment avoir une prise de conscience plus totale d'un phénomène à l'étude?»

Nous connaissons d'un objet ce que nous sommes capables d'en percevoir ou, encore, simplement la réalité dans laquelle il se trouve. Malgré tous nos efforts, il est impossible d'atteindre la réalité absolue telle que la perçoivent les sages[14]. Ce que nous observons et mesurons n'est qu'une manifestation de l'interaction qui se produit entre l'objet et nos sens. Autrement dit, ce n'est pas l'objet réel que nous observons, c'est l'objet soumis à notre *méthode de reconnaissance*, à nos *sens* et à toute notre *personnalité*, entités qui ont tendance à séparer le sujet et l'objet pour connaître. Si nous modifions cette méthode, nous percevrons et connaîtrons les caractéristiques différentes du même objet. Comme l'observateur humain est toujours le dernier maillon de la chaîne du processus scientifique, nous parlons d'observation participante pour expliquer la dépendance entre le sujet pensant et l'objet[15].

On parle beaucoup, à l'heure actuelle, de la nécessité d'avoir une meilleure conscience de tout ce qui nous entoure; cela veut dire approfondir ce qui est déjà connu. Au cours d'une recherche, on ne voit en fait que ce qui existe déjà et qu'on ne peut distinguer sans concentrer l'énergie de sa conscience; «changement de paradigme» et «nouveau paradigme» sont des expressions indiquant au contraire que l'on perçoit les choses sous un nouvel angle, avec l'interaction des dimensions cognitives, affectives et physiologiques. L'expression «changement de paradigme» représente bien l'idée d'une prise de conscience plus totale. Alors, comment se rendre disponible au changement de paradigme pour être plus ouvert, plus réceptif, plus attentif à son environnement et à soi-même? C'est ce que nous examinerons dans la section suivante en analysant le concept de concentration, et que nous illustrerons par un tableau représentant les quatre états de conscience.

La concentration en recherche: avoir le goût de faire de la recherche

Nous savons maintenant que tout ce que nous connaissons de notre univers nous est communiqué par l'intermédiaire de la conscience dans laquelle baigne la personne entière. Cette même conscience rend possible la connaissance de ce que nous voyons, entendons, sentons, touchons et que nous appelons notre expérience, notre réalité vécue. Il est évident que l'on ne peut expérimenter ni observer quoi que ce soit hors de la conscience. On peut comparer celle-ci au potentiel électrique dont la puissance permet à une lampe d'éclairer les objets. Donc, si la conscience est de l'énergie que chacun de nous possède et qui nous éclaire, il est important de comprendre son rôle et celui des sens quand on parle de perception et de concentration. Comment peut-on alors canaliser cette énergie pour mieux voir ce que nous avons produit par la connaissance? Le sens et la signification ne sont pas dans la connaissance scientifique, mais bien dans la tête du chercheur qui perçoit et conçoit.

Les bouddhistes appellent la conscience la lumière des lumières, celle qui permet de polariser, de fusionner et de concentrer tout notre potentiel. Et c'est le rôle de la pédagogie interactive de stimuler tous les aspects de notre personne: le cognitif, l'affectif et le physiologique[16]. Nous savons que, dans le corps humain, l'énergie lumineuse de la conscience est produite par nos sens internes et externes. On peut alors se poser la question: Comment accroître la puissance de notre concentration en recherche?

Le yoga-kahlle enseigne que l'amour de l'objet de ses préoccupations permet de fixer l'attention sans vaciller. La concentration est donc la fascination de l'esprit. Quand on aime une chose, le goût et l'intérêt sont présents; l'esprit est irrésistiblement attiré par l'objet qui suscite intérêt, curiosité et amour. Nous connaissons ce vieux dicton: la qualité d'un travail est proportionnelle au plaisir que l'on éprouve à le faire[17].

La concentration n'est pas seulement le fait de connaître de façon rationnelle, mais bien d'appréhender avec tous ses sens, ici et maintenant. Ce n'est ni regarder fixement un objet ni penser très fort à quelque chose; c'est la détente, le stress maîtrisé de façon optimale. Une fatigue persistante résulte d'efforts inutiles qui n'ont pas de rapport avec le véritable objet de la recherche: c'est le sur-stress. À l'opposé, si l'ennui gagne du terrain, c'est qu'on a perdu sa motivation au travail, c'est le sous-stress. Comment donc se situer dans une position pour se sentir à l'aise en recherche et s'orienter ainsi vers un stress optimal? Par une conception existentielle de la «co-naissance» d'un monde qui ne peut exister sans une conscience de tout l'être pour le percevoir[18].

Le chemin qui conduit à une prise de conscience totale est fait de plusieurs éléments que nous avons essayé de regrouper et d'opérationnaliser avec l'aide de divers auteurs intéressés à cette nouvelle conscience écologique du monde. Ces éléments font partie d'un processus décisionnel comportant quatre étapes successives, soit:

– s'intéresser au phénomène;

– s'informer objectivement;

– participer activement; et

– changer ses habitudes.

Étape I: s'intéresser au phénomène

La première étape de ce changement, cette première prise de conscience est la curiosité, trait de caractère qui pousse une personne vers un comportement exploratoire en ce qui concerne les choses qui l'attirent et qui sont en harmonie avec sa personnalité[19]. Chacun sait qu'il est important de poser des questions, d'envisager la problématique de recherche sous tous les angles. La clé de la réussite est d'être curieux; cela suppose qu'on s'intéresse à un phénomène et qu'on cherche à le comprendre. On le fait par goût ou par obligation. Si on le fait par goût, on découvre sa propre démarche d'apprentissage, son style, son autonomie et le plaisir d'accomplir un travail que l'on aime. Celui qui s'intéresse à son travail n'a pas besoin qu'on le persuade ou qu'on le rassure sur le bien-fondé de sa démarche. Il trouve sa motivation en lui-même.

Étape II: s'informer objectivement

L'étape suivante consiste à s'informer de façon objective, sans préjugés et sans se fier aux ouï-dire, sans constamment s'accrocher au passé sur lequel on ne peut rien et sans avoir peur du futur que l'on ne connaît pas. C'est alors qu'on découvre sa capacité véritable et ses limites. Nous avons précisé au premier chapitre qu'une définition opérationnelle de la capacité d'entreprendre un travail de recherche se fait à partir de trois états de conscience: *la perception, la tolérance au stress et la communication.* Chacun de ces états peut nous aider à clarifier l'effort de recherche que nous fournissons. La capacité de faire quelque chose est une affaire de discrétion et non une affirmation, et la discrétion, c'est la capacité en action, c'est une affaire de structure, d'organisation, d'attitude envers soi-même. L'affirmation est une affaire d'objectivité, de prescription en regard des habiletés.

Nous montrerons maintenant avec quelles habiletés nous pouvons libérer notre capacité en vue de nous informer de façon objective à partir de ces trois dimensions: la perception, la tolérance au stress et la communication. (Pour bien saisir la relation entre la capacité et les habiletés, le lecteur peut se reporter au chapitre premier de ce guide.)

La perception   Nous avons déjà parlé de l'importance d'un vrai problème en recherche. En effet, peu importe la solution appliquée, elle ne pourra jamais compenser l'erreur d'un faux problème (c'est-à-dire une question qui ne découlerait pas d'un besoin ressenti). La perception d'un problème est une affaire d'intuition et non de logique formelle. La distinction entre ces deux facultés de la pensée n'est pas nouvelle; plusieurs auteurs ont noté la différence marquée entre ces deux formes de pensée reliées aux hémisphères cérébraux[20,21]. Une façon d'augmenter notre perception de la réalité est de porter une plus grande attention à ce qui nous entoure par l'intermédiaire de nos sens.

La tolérance au stress   Pour amorcer un travail de recherche, il est nécessaire de situer le problème dans un contexte, de le mettre en relation avec les situations et les personnes. Cette adaptation au contexte va créer certaines tensions, certains stress[22]: c'est le deuxième facteur pouvant empêcher la capacité de s'exprimer et c'est manifestement un élément perturbateur qui nous informe d'un changement à l'horizon. Le stress peut résulter de n'importe quelle difficulté rencontrée dans la vie ou dans un travail de recherche. En fait, nous sommes troublés par de nombreux éléments et devons apprendre à nous y adapter de façon créative, à surmonter les difficultés et les contraintes. Nous devons faire face aux paradoxes, aux dilemmes de la vie quotidienne, et tous ces facteurs mis ensemble constituent des stimulations bonnes et mauvaises. Par exemple, nous voulons un travail très intéressant et très bien rémunéré. Nous voulons consacrer beaucoup de temps à la recherche, tout en conservant nos autres activités. Nous voulons comprendre en profondeur, sans participer.

Le stress, comme tous les autres maux, porte en lui-même ses propres remèdes si nous en trouvons la cause. Mais si nous ne fournissons pas les efforts nécessaires pour comprendre d'où nous vient le stress, si nous laissons tomber nos projets dès la moindre difficulté, par peur ou par paresse, nous ne connaîtrons jamais notre tolérance au stress, notre niveau optimal, notre seuil de performance ni ne développerons les habiletés nécessaires pour progresser et surmonter les obstacles et les blocages. La victoire n'a d'importance qu'en fonction du but personnel que nous nous sommes fixé, d'une part, et des obstacles à franchir pour atteindre ce but, d'autre part.

Apprendre à travailler sans stress revient à dire qu'on peut être stressé ou sous-stressé de façon maximale. Une personne qui travaille à un niveau de stress optimal répond de façon spécifique aux stimulations de son environnement et elle en ignore les méfaits. En recherche, le mot «stress» prend souvent le nom d'anxiété, de peur de faire, de mal faire, etc.: c'est un degré maximal de stress. À l'inverse, on retrouve le sous-stress à un degré maximal: le moral des troupes baisse, il faut changer de stratégie ou de tactique, se réveiller pour conserver un degré optimal de stress[23].

La communication   Nous avons vu qu'une aptitude réelle pour la recherche nécessite la perception globale d'un problème, la capacité de maintenir son idée devant un dilemme et de maîtriser les situations stressantes. Par ailleurs, ce genre d'aptitude comprend une autre dimension très importante: la capacité de communiquer. Cette dernière exige plus que l'interaction entre les systèmes de valeurs, plus que l'interaction entre le schème d'un travail de recherche et l'ensemble des connaissances accumulées dans le domaine observé; elle nécessite, entre autres, la capacité d'être à l'écoute.

La possibilité de relier notre expérience éducative au contexte écologique de la recherche est ce que nous appelons la communication. Il y a des chercheurs qui ont des problèmes intéressants, qui sont capables de travailler sans stress, mais, parce qu'ils sont trop intransigeants, ils ne peuvent communiquer ce qu'ils pensent ou parler de ce qu'ils font. Un changement de paradigme ne peut se faire sans la communication, sans cette capacité d'être à l'écoute des autres systèmes[24].

Communiquer ne se résume pas seulement à émettre, transmettre ou recevoir une information. C'est aussi comprendre cette information et surtout établir une relation entre l'émetteur et le récepteur dans le but de réaliser un travail commun. C'est sur ce critère que l'évaluation doit porter. Différents éléments constituent des obstacles physiques qui s'ajoutent à l'aspect psychologique et font en sorte que la capacité de communiquer est souvent inexistante. Pour bien en vérifier l'existence, il faut toujours s'assurer de la rétroaction de tous les éléments de sa recherche au moyen de techniques simples et faire attention surtout aux moyens technologiques modernes, car la communication n'y est pas toujours évidente. Il arrive que les moyens utilisés soient trop puissants relativement à la qualité du message.

Étape III: participer activement

La troisième étape de cette section est en quelque sorte la plus importante. C'est la décision de procéder à une autorégulation tout en tenant compte de son *identité,* de son *style* et des *résultats* visés par la recherche. Nous voyons donc que l'approche holistique est plus complète que l'approche classique basée uniquement sur les objectifs et les résultats visés. Ces trois façons de s'autogérer se comparent à trois clés: l'une, pour se *concentrer;* l'autre, pour augmenter *l'énergie créatrice libérée par la capacité*; et la troisième, pour *connaître ses talents véritables.* La programmation par l'identité permet de se faire une image positive de soi-même, de ne pas se juger inutilement. Nous savons qui nous sommes véritablement et nous ne nous laissons pas influencer par des images négatives. La programmation, en ce qui a trait au style, permet de trouver de nouvelles manières de faire les choses: c'est le comment. Il existe différentes façons d'aborder un problème et il importe de choisir la plus efficace et la plus rentable pour atteindre son objectif. La programmation des résultats permet d'être informé régulièrement sur l'état des résultats. Où est-ce que je vais? Il est bon d'être en mesure de répondre à cette question régulièrement. Le présent guide prévoit un système d'évaluation pour chaque étape de la recherche. C'est en prenant conscience des trois types de programmation mentionnés ci-dessus que le chercheur peut se concentrer, augmenter son attention, autrement dit savoir comment il fait telle ou telle action et pourquoi il la fait.

Étape IV: être ouvert au changement

La dernière étape est celle de l'ouverture véritable au changement[25]. Ferguson distingue quatre types de changement. Ce dernier peut être:

— basé sur l'exception (j'ai raison, sauf dans ce cas-ci);

— linéaire (j'avais presque raison, mais maintenant j'ai vraiment raison);

— pendulaire (j'avais tort, mais maintenant j'ai raison); et

— paradigmatique (j'avais partiellement raison avant; maintenant j'ai un peu plus raison).

Nous avons précisé que la notion de paradigme est un schème *plus fondamental* qui nous aide à atteindre un absolu relatif, à comprendre des choses complexes, par exemple les notions de conscience, de prise de conscience. Présentement, l'étude de la conscience constitue un domaine pluridisciplinaire où se rejoignent physique, biologie, neurologie, psychologie, philosophie, éducation, et nous pourrions ajouter *méthodologie de la recherche en éducation*. Ce domaine est d'une grande importance pour l'enseignement de toutes les disciplines et particulièrement pour l'enseignement de la méthodologie de la recherche.

Les approches psychotechniques

En utilisant des approches psychotechniques, nous pouvons augmenter notre potentiel de concentration et trouver notre propre processus d'apprentissage. Les déclencheurs nécessaires à la transformation du sens de l'expérience humaine sont nombreux. Ils ont tous un point commun: capter l'attention de la conscience grâce à l'intérêt provoqué chez l'individu. C'est ce que nous pouvons appeler les expériences des jeux intérieurs. Le grand principe de ces jeux réside dans leur nature globale et imprécise; c'est pour cette raison que le cerveau gauche n'a pas d'emprise sur eux[26].

Les jeux intérieurs les plus connus pour rendre l'humain ouvert aux changements sont l'isolement et le jeûne; la relaxation, l'entraînement autogène et l'autosuggestion; la musique et le rythme; les activités artistiques et la création; les compositions et les jeux de rôles; l'hypnose et l'autohypnose; les stratégies de concentration (zen, zazen, bouddhisme, yoga, etc.); l'étude des rêves; le sport sous toutes ses formes (patinage, ski, cyclisme, parachutisme, judo, course, golf, athlétisme, karaté, balle, etc.); les langages non verbaux (mouvement, pantomime, danse, jeux de rôles); et le visuel, pour organiser le sens des expériences humaines (schémas, graphiques, images, art, télévision).

Toutes ces pratiques peuvent être appelées des stratégies psychotechniques qui favorisent la concentration: la préparation du jeu intérieur, la transformation, le changement de paradigme. Lors d'un tel changement, nous réalisons que nos opinions antérieures n'étaient qu'une partie de la réalité et que notre savoir d'aujourd'hui n'est qu'une partie de notre savoir de demain. Le changement n'est plus alors aussi menaçant.

Vers une prise de conscience du changement

La figure 3 décrit les quatre étapes favorisant un changement de paradigme personnel: «être ou ne pas être»... dans le coup. C'est une synthèse réalisée à partir de différents écrits de la science de la conscience. Les principaux facteurs qui prédisposent au changement sont présentés sous forme de questions. Nous pensons que cette figure peut aider le chercheur à résoudre certains dilemmes de valeur reliés aux choix qu'il doit assumer à chaque étape.

Précisons que chacune des quatre étapes comporte des dilemmes de valeur et qu'il est très difficile d'arriver à l'étape finale si nous refusons de résoudre ces dilemmes de façon progressive, d'assumer certaines responsabilités personnelles vis-à-vis du changement. C'est précisément pour cela qu'un travail intellectuel est tellement difficile. Ce dernier exige plus que la réalisation de tâches disparates; il demande une interaction entre les tâches et une finalité. C'est là la différence entre diviser les choses et les polariser. La résolution d'un dilemme se fait par la participation et non par le rationnel; par un changement en profondeur et non de façon superficielle.

Le chemin qui conduit à une prise de conscience plus totale comporte cependant plusieurs étapes qui ne peuvent être franchies que dans un ordre précis. On ne peut, en effet, gravir la plus haute marche d'un escalier sans avoir d'abord posé les pieds sur la première. Dans le cas de la recherche, la première marche est la motivation: elle permet une première prise de conscience et se nomme donc «prise de conscience», et la dernière, «changement d'habitude». Celle-ci concerne la façon de penser, et représente une concentration aiguë. Pour améliorer ses connaissances dans le domaine du changement, il faut commencer par améliorer son propre cœur, sa tête, en somme, tout son style de pensée.

Lorsque le travail d'une personne fait partie d'elle-même, on peut dire qu'elle se consacre vraiment à ce qu'elle fait. Et lorsqu'elle éprouve ce sentiment, elle perçoit, en plus de la quantité, l'autre face du travail, c'est-à-dire la qualité. Ce refus partiel ou total du dualisme sujet-objet s'appelle «être dans le coup». Tout cela est davantage que la dualité rationnelle; c'est une démarche qui introduit l'intuition pour éclairer et donner un sens au travail de la recherche. Il faut cependant prendre garde de ne pas trébucher sur la première marche — la motivation —, et s'assurer de commencer par le début.

L'évaluation de notre attitude de changement

Avant d'aborder les choix stratégiques au domaine du niveau du modèle holistique, il convient d'examiner son attitude en fonction de quelques normes volontaires. Pour ce faire, il suffit de répondre aux questions de la

Figure 3

Grille d'évaluation des états de conscience en recherche

Premier niveau: découverte de vos styles d'apprentissage véritables.

Est-ce que le problème de recherche choisi permet de découvrir votre style d'apprentissage par rapport à votre potentiel cognitif, affectif et physiologique?

Question 1 Le problème de recherche stimule-t-il toute ma curiosité?

Oui :   5   4   3   2   1: Non

Question 2 Le problème de recherche me donne-t-il l'occasion de faire mon travail par:

Goût: 5   4   3   2   1: Obligation
(je fais ce que j'aime)   (j'aime ce que je fais)

Deuxième niveau: découverte de vos capacités véritables.

Est-ce que le problème de recherche choisi permet de découvrir vos aptitudes par rapport à la perception, à la tolérance au stress et à la communication?

Question 3 Le problème de recherche utilise-t-il tout mon potentiel:

Oui: 5   4   3   2   1: Non

Question 4 Le problème de recherche me donne-t-il l'occasion de m'informer:

En profondeur: 5   4   3   2   1: De façon superficielle
(je regarde les faits)   (je me fie aux ouï-dire)

Troisième niveau: découverte de vos talents véritables.

Est-ce que le problème de recherche permet de découvrir vos possibilités sur le plan de l'identité, du style et des résultats?

Question 5 Le problème de recherche met-il en œuvre toutes mes habiletés?

Oui: 5   4   3   2   1: Non

Question 6 Le problème de recherche me donne l'occasion de participer comme:

Acteur: 5   4   3   2   1: Spectateur
(actif)   (passif)

Quatrième niveau: découverte de vos attitudes véritables.

Est-ce que le problème de recherche permet de découvrir vos attitudes par rapport au changement exceptionnel, linéaire, paradigmatique?

Question 7 Le problème de recherche remet-il en question toutes mes habitudes de penser?

Oui: 5   4   3   2   1: Non

Question 8 Le problème de recherche me fournit-il l'occasion de changer?

Je me change
moi-même: 5   4   3   2   1: Je change les autres
(ce avec quoi je pense)   (ce à quoi je pense)

figure 3. De haut en bas, vous retrouverez quatre prises de conscience différentes. Deux questions sont posées pour vérifier la «santé» de votre recherche sur le plan de la relation sujet-objet. Il s'agit d'encercler un chiffre qui correspond à chacune des questions et de faire le total des points.

Voici quelques critères pour guider l'auto-évaluation.

Si, au départ, vous avez plus de 34 points, vous êtes en harmonie avec ce que vous faites. Si, par contre, le total des points est inférieur à 16, vous manquez d'harmonie et vous avez beaucoup de progrès à faire pour trouver l'énergie de libération nécessaire à une pleine concentration sur ce que vous faites. Si vous avez une note plus élevée que 16 et inférieure ou égale à 24, vous êtes plus ou moins conscient ou disposé à vous prendre en main. Si, après quelques mois, vous gagnez des points et atteignez un total supérieur à 24, ce sera un grand succès.

Toutefois, quel que soit votre résultat, commencez par faire cette auto-consultation avant d'entreprendre votre voyage à la recherche de nouvelles connaissances dans un domaine. Vous pouvez essayer ce test et noter vos progrès; il n'a pas de valeur scientifique au sens classique du terme; il n'a qu'une valeur holistique, et il est aussi sûr que les pronostics de la météo, pas davantage... Ce ne sont pas les mécanismes de changement qui importent, mais l'évolution des états de conscience et les progrès. C'est le réglage des dilemmes, des états antagonistes Yin et Yang, qui constitue en quelque sorte tout le secret de l'amélioration de la connaissance de soi, qui permet de changer sa façon de voir les choses, c'est-à-dire de progresser par la concentration.

Pour illustrer davantage le fossé qui se creuse entre un certain paradigme et un autre, citons, en terminant, ce vieux proverbe chinois: «Les savants chercheurs comprennent ce que sont les branches de l'arbre, mais non ses racines, et les mystiques comprennent ce que sont les racines de l'arbre, mais non ses branches.» Ils pensent qu'il ne peut exister de complémentarité entre eux. Nous savons bien, cependant, que pour progresser, une personne a besoin des autres, comme le tronc de l'arbre a besoin de ses racines et de ses branches pour vivre.

Module 10
Les choix stratégiques

Les enjeux de la méthodologie, dans le discours philosophique et scientifique de la résolution de problèmes, sont reliés aux choix à faire parmi trois types de stratégies empiriques: l'*évaluation*, la *recherche* et le *développement*[1,2,3]. Chacune de ces stratégies peut correspondre respectivement à la recherche qualitative, à la recherche quantitative et à la recherche constructive (voir figure 2, le modèle écologique de recherche). La première se préoccupe davantage des connaissances subjectives; la deuxième, des connaissances objectives; et la troisième se concentre sur l'application des connaissances à des développements.

Ainsi, compte tenu de la problématique, l'accent peut être mis sur l'évaluation, la recherche ou le développement. Chacun de ces cas peut être le centre d'une stratégie dont le but sera déterminé et clarifié par des composantes spécifiques. L'ensemble des composantes pouvant résoudre le besoin de choisir (évaluation) diffère de l'ensemble des composantes du besoin de connaître (recherche) et de celui du besoin de faire (développement). Généralement, chaque stratégie peut être considérée et définie à partir de quatre questions fondamentales correspondant à quatre définitions: but, procédé, produit, critères.

Le but   Quelle fonction est accomplie quand une des stratégies est utilisée? Pourquoi faire cette recherche?

Le procédé   Quelles démarches organisées ou quelles activités rassemblées effectuons-nous quand nous utilisons l'une ou l'autre des stratégies, soit la stratégie de l'évaluation (qualitative), celle de la recherche (quantitative) ou celle du développement (constructive)?

Le produit   Que produit-on quand une des stratégies est utilisée?

Les critères   Quelles variables, quelles mesures, quels standards sont utilisés pour évaluer et constater l'effort de recherche, l'effort d'évaluation et l'effort de développement?

Une stratégie est une succession d'étapes toujours identiques que nous devons maîtriser parfaitement afin d'intégrer la compréhension et l'intuition dans la fonction choisie, c'est-à-dire l'évaluation (É), la recherche (R), le développement (D). Dans la pratique, que l'on choisisse l'une ou l'autre des fonctions (É, R, D) pour résoudre un problème, l'ensemble des opérations à exécuter peut se réduire aux quatre dimensions énumérées ci-dessus, chacune devant être clarifiée par une dialectique de recherche.

Pour permettre de comprendre les ressemblances entre les trois fonctions — évaluation, recherche, et développement —, la figure 4 (page 101) présente les composantes spécifiques à dimension. Elle aide le chercheur à trouver le profil d'orientation ou l'approche stratégique nécessaire à la résolution de son problème. C'est à partir de la connaissance générale de ces stratégies que le chercheur peut choisir et décider de l'orientation à donner à sa recherche; celle-ci pourra être par la suite expérimentale, historique, descriptive, exploratoire, événementielle, etc. En d'autres termes, c'est à partir de sa propre prise de conscience de l'ensemble de ces éléments que le chercheur peut définir un cadre de travail et choisir un type de recherche, c'est-à-dire la méthode spécifique qui lui convient. Le module 11 aidera le chercheur, par la suite, dans un choix méthodologique plus précis et approprié à la nature de la stratégie résultant de l'ensemble de la figure 4.

La stratégie et les besoins en recherche

La meilleure stratégie est celle qui permet de choisir le type de méthode répondant le plus exactement possible aux questions posées et à chacune des dimensions. Le défi consiste à déterminer quelle méthode sera la plus pertinente en considérant l'ensemble de la figure 4, et cela pour la situation particulière de la recherche. Ainsi, selon les circonstances, on se rendra compte que l'on ne peut pas faire une recherche de type expérimental parce qu'il est impossible d'organiser les groupes au hasard.

Dans d'autres cas, le profil des éléments nous informe que la recherche devrait contribuer à améliorer l'implantation d'un programme dans un système d'enseignement. Cette recherche devrait alors avoir une orientation plus évaluative; on parlera de recherche évaluative ou de recherche-action. Si l'on a besoin d'informations pour mieux connaître une personne ou un phénomène, on parlera d'étude de cas, etc.

Précisons que pour choisir une méthode spécifique appropriée au besoin de sa recherche, le chercheur doit comprendre les similarités et aussi les différences entre les stratégies d'évaluation, de recherche et de développement. Lorsque le chercheur remplit les douze cellules de la matrice de la figure 4, *il est en mesure de se faire une idée générale du matériel dont il dispose pour planifier le cadre opérationnel* et *est par la suite mieux informé pour choisir le type de méthode qui correspond à «sa» situation de recherche.*

Après avoir pris conscience des quatre dimensions de la matrice: but, procédé, produit et critère, le chercheur peut les clarifier en fonction de la stratégie choisie. Ainsi, si le besoin prend la forme d'une connaissance nouvelle, c'est une stratégie de recherche qui convient. Si le résultat visé est plutôt de supporter la connaissance en vue d'une recherche, alors une stratégie d'évaluation fera l'affaire. Par contre, si la recherche entend se développer autour des connaissances déjà acquises et des données de l'évaluation, une stratégie de développement devrait répondre adéquatement aux besoins du chercheur. Dans tous les cas, le niveau des connaissances n'est pas le même, car les données spécifiques changent suivant chacune des dimensions de la stratégie.

Figure 4			
Stratégie de recherche: matrice d'évaluation			
Stratégie / Dimension	RECHERCHE	ÉVALUATION	DÉVELOPPEMENT
BUT	Construire une base de connaissance (quantitative)	Faciliter le processus décisionnel (qualitative)	Fournir des outils de travail (constructif)
PROCÉDÉ	Identification du problème	Identification de la décision	Détermination de la fonction
	Modèle de vérification de la solution	Modèle d'application des paramètres de la décision	Modèle de développement d'un système performant
	Cueillette de données	Implantation du processus décisionnel	Suggestion en ce qui concerne un système alternatif
	Analyse	Analyse	Révision du design Test du design Implantation
	Rapport	Rapport	Rapport
PRODUIT	Connaissances généralisables (écrits)	Information en vue d'une décision (action)	Produit ou procédures réalisables (services)
CRITÈRES	Standards scientifiques Niveau de connaissance nécessaire au type de recherche	Pertinence Effort Crédibilité Efficacité	Rendement Coût Productivité

La stratégie et l'autonomie du chercheur

Pour justifier le besoin de choisir les matériaux sur le plan stratégique, les étudiants en éducation parlent souvent de la recherche comme d'une méthodologie unique. Ils oublient qu'il faut différents niveaux de savoir pour comprendre l'existence humaine et pour maîtriser son environnement quand on se situe au cœur de la philosophie de la science, et cela selon l'état et l'avancement des expériences humaines dans le domaine à l'étude.

Si le besoin est plus spécifiquement orienté vers une stratégie évaluative, ce sont les valeurs personnelles, le subjectif et l'approche qualitative qui priment d'abord. S'il est orienté vers une stratégie de recherche quantitative au sens classique, c'est la cause scientifique objective qui domine. Dans le cas où le besoin est plus spécifique et plus pratique, c'est une stratégie de développement qui prime, c'est-à-dire l'utilisation des connaissances déjà acquises pour développer des techniques et des produits utiles.

En somme l'identification des stratégies est l'art d'adapter la méthodologie générale de résolution de problèmes de la recherche par rapport aux besoins de la recherche et à l'autonomie du chercheur. C'est là que se rassemblent les premiers éléments de l'échafaudage du plan de recherche, soit le but de la recherche, le type de procédé, le produit attendu, le type de population et les normes.

Les choix stratégiques constituent le lien entre la personnalité du chercheur, son style et les besoins de la recherche au point de vue des connaissances spécifiques. La différence entre un vrai problème et un faux problème réside précisément dans cette capacité de choisir entre des données importantes et des données négligeables en se référant à chacune des quatre dimensions de la stratégie au point de vue de la qualité. La méthode scientifique n'a rien à voir avec cette capacité. Il est grand temps de se pencher sur cette présélection qualitative des faits selon une approche spécifique avant même l'application de la méthode scientifique.

Le module 7 aidera le chercheur sur le plan de la méthodologie spécifique: il s'agit de la représentation des choix méthodologiques pour l'échafaudage de la recherche. À partir de l'étude de ces heuristiques, de ces méthodes empiriques, le chercheur peut trouver le type de recherche le plus efficace et le plus rentable, compte tenu des matériaux dont il dispose (figure 4) et qu'il a présélectionnés au niveau II. Ainsi, il est impensable d'imaginer une recherche expérimentale au sens classique du terme si l'on ne peut organiser et choisir les groupes au hasard, tout comme on ne peut imaginer une étude de cas sans l'observation participante.

Module 11
Les choix méthodologiques

Afin d'aider l'étudiant à choisir une méthode empirique spécifique appropriée au but, au procédé, au produit anticipé et aux critères rassemblés à la figure 4, nous présentons un dictionnaire heuristique des choix méthodologiques de recherche parmi les plus utilisés. Le but de ce dictionnaire n'est pas de classer les méthodes de recherche d'une façon conventionnelle à partir des objectifs généraux ou de la méthodologie, mais bien de mettre à la disposition du chercheur une batterie de moyens spécifiques pour l'aider à échafauder sa recherche selon une orientation qui va lui assurer le succès. Précisons que les choix stratégiques dont nous avons traité au module 10 se situent à un niveau de discours moins spécifique que les choix méthodologiques.

Conséquemment, le module 11 analyse les types spécifiques de recherche sur le plan de la méthodologie: historique, descriptif, évaluatif, etc. Par exemple, certains chercheurs n'ont pas d'aptitudes pour tel type de recherche; dans ce cas il est préférable de choisir une approche qui les attire davantage et s'harmonise à leur personnalité. Peu importe la méthode utilisée, pourvu qu'elle soit de qualité, qu'elle stimule la curiosité, qu'elle attire l'attention et soit fascinante. Lorsque l'expérience personnelle et l'intuition combinées à la logique l'amènent à choisir tel type de recherche, le chercheur est infailliblement sur la voie de la qualité. Une méthode est de qualité quand elle permet de mener à bien la recherche comme prévue.

Les choix méthodologiques se font toujours entre deux pôles: la généralisation des techniques et la concrétisation des idées philosophiques. C'est pourquoi le chercheur doit s'ajuster aux ressources et aux limites de la méthodologie générale de recherche, c'est-à-dire à l'observation, l'expérimentation, la mesure et les schèmes théoriques compatibles avec la stratégie fondée sur l'expérimentation. Rien ne délimite clairement la frontière entre la position réductionniste et la position holistique; c'est une question de choix et de paradigme. Ainsi, selon que l'on adhère à l'un ou l'autre des pôles, on parlera de méthode scientifique, de recherche quantitative ou de méthode humaniste, de recherche qualitative, etc.

Plusieurs disciplines, dont l'éducation, la sociologie, l'économie, la psychologie, la linguistique, etc., de même que les sciences physiques en général essaient d'établir des lois ou de formuler des modèles à partir de différentes méthodes. C'est pourquoi on pourrait être tenté d'assimiler de façon générale la recherche nomothétique, fondée sur l'observation et l'expérimentation dans une discipline précise, ce qu'il ne faut pas faire. On ne doit pas confondre les disciplines et les types de faits considérés lorsqu'on choisit un type de recherche. Il est possible, en effet, d'appliquer une méthode qualitative à des faits économiques, ou encore de chercher des constantes sociologiques dans des processus scientifiques. Une compréhension approfondie des méthodes de recherche est nécessaire afin de répondre adéquatement à la situation proposée, peu importe la discipline.

On pourrait chercher à établir une hiérarchie des valeurs scientifiques en fonction du caractère plus ou moins nomothétique ou plus ou moins idéographique de la recherche. Une telle attitude d'esprit ferait oublier les difficultés spécifiques à chaque domaine. Les recherches qualitatives en éducation, par exemple, seraient-elles moins scientifiques qu'une recherche causale en psychologie parce que celle-ci ne peut être expérimentée, au sens strict du terme, tout comme la géologie? La linguistique serait-elle moins scientifique parce qu'elle ne permet que difficilement l'utilisation du nombre? D'un autre côté, la démographie peut utiliser des modèles mathématiques poussés, mais l'expérimentation lui est inaccessible. C'est pourquoi les critères d'évaluation devraient prendre en considération la méthodologie propre à chaque discipline de même que l'histoire de cette dernière. Comme chacune des disciplines peut avoir pour objet un problème relatif à l'école, à l'éducation, on en arrive forcément à une méthode de recherche fragmentée, laquelle sera le cadre de la recherche opérationnelle.

On parvient à la définition opérationnelle d'une stratégie de recherche quand on précise par quels moyens il est possible de déterminer si une caractéristique est présente ou absente dans une méthode spécifique. Les caractéristiques de la recherche expérimentale sont différentes des caractéristiques de la recherche descriptive, de celles de la recherche historique, de celles d'une étude de cas, etc. La connaissance générale du profil fourni par la figure 4 aide le chercheur dans le choix de la méthode spécifique. Dans certaines situations, le besoin de connaître aura une importance historique. Par exemple, le chercheur peut vouloir connaître les facteurs qui ont conduit à la privatisation des écoles. Dans une autre situation, il pourrait y avoir une orientation vers le futur ou la prédiction. Si le chercheur veut connaître l'effet de A sur B, la méthode dite expérimentale classique répond au besoin, si la stratégie le permet, c'est-à-dire si les conditions essentielles pour appliquer la méthode scientifique décrite au premier chapitre sont présentes.

Dans un autre cas, l'accent pourrait être mis sur le développement, la production de matériel ou d'un livre en se basant sur les connaissances scientifiques des recherches précédentes. Ces définitions ne sont pas de nature opérationnelle; elles donnent une idée des différentes tactiques que peut emprunter une stratégie de recherche à partir du but qui a été clarifié (voir le module précédent, figure 4). Précisons au passage que le choix d'une méthode de recherche ne peut reposer sur un faux problème. Par conséquent, on ne doit pas choisir la méthode avant d'avoir clarifié le besoin de recherche sur le plan stratégique. Un bon problème de recherche peut être mal exploité en raison d'une méthode peu efficace, mais l'inverse n'est pas vrai. Une méthode peu efficace constitue un moindre mal: elle peut toujours être modifiée. Un faux problème, cependant, ne peut pas être amélioré par la meilleure méthode du monde. Le besoin, c'est la difficulté qu'il faut clarifier et résoudre ensuite par une méthode appropriée. Le besoin d'entreprendre tel type de recherche est-il justifié? Cette question doit précéder l'étude de la méthode, soit les heuristiques (voir à ce sujet l'énoncé du problème de recherche au module 5).

Les pages qui suivent présentent quelque 34 types de recherche dans le but d'offrir au chercheur différents moyens pour structurer sa démarche de façon optimale. C'est à lui de décider, à la lumière de ses connaissances et de ses perspectives, quelle méthode, quelle tactique il doit choisir, compte tenu de la stratégie qu'il a établie à partir des quatre dimensions (figure 4). Différents mythes sont entretenus par ceux qui adhèrent de façon inconditionnelle à la méthode classique en ce qui concerne les définitions scientifiques, les hypothèses scientifiques, les généralisations a *posteriori*, la validité des données d'observation (dogme de l'«Immaculée Perception»), l'empirisme expérimental, les mesures objectives, les modèles statistiques, les schèmes théoriques, la formalisation des données, l'interprétation des résultats, les valeurs biaisées, etc. Étant donné la complexité de ces bases épistémologiques, nous laissons au lecteur la possibilité de choisir l'échafaudage de sa recherche: sa méthode. Il faut retenir de tout cela que peu importe la méthode, pourvu qu'elle soit de qualité, c'est-à-dire qu'elle ne soit pas une solution à un faux problème. Est de qualité la méthode qui permet de répondre adéquatement à la question posée.

Les types de recherche

Action (recherche)   La recherche-action met l'accent sur la participation collective des   principaux partenaires. L'orientation   est nécessairement empirique; elle repose sur des observations réelles. Les principaux chercheurs découvrent les principes; leurs partenaires, chercheurs en action (maîtres-élèves), découvrent les meilleures façons de les appliquer[3,12,15,17,18,20,21,24,33,60,61,64]. *Exemple:* Une équipe interdisciplinaire de chercheurs, d'enseignants et d'élèves à différents niveaux du secondaire peut entreprendre une recherche pour vérifier l'effet des horaires rotatifs sur les résultats scolaires.

Appliquée (recherche)   La recherche-action est orientée vers la solution de   problèmes urgents   et   importants[2,4,7,15,17,20,33,44,66]. *Exemple:* Un chercheur veut savoir comment un enfant de six ans peut apprendre à lire plus rapidement.

Cas (étude de)   On peut classer les études de cas, les échantillonnages, les «surveys» et les études longitudinales dans la catégorie des recherches *statu quo*, qui procèdent à la cueillette de données dans le but de décrire la condition ou l'état actuel des choses. Et cela, comparativement aux recherches qui mettent l'accent sur la causalité ou la prédiction. Ce type de recherche met en relief la totalité de la situation et permet de résoudre un problème actuel à partir d'une étude exhaustive. L'analyse détaillée d'un contexte peut porter sur tout phénomène que l'on veut étudier sans pour cela en avoir la maîtrise[18,20,32,37]. *Exemple:* En éducation, l'étude de cas peut être une situation pédagogique, une intervention pédagogique, un élément du contexte ou les résultats. En médecine, le cas peut être la maladie et non le sujet.

Cas (méthode de)   Ce type de recherche s'applique à une série d'études de cas. Contrairement à l'étude de cas, la méthode de cas vise à dégager des concepts et à généraliser. C'est une perspective davantage heuristique que démonstrative[8]. *Exemple:* Un chercheur peut s'intéresser à trouver les causes de l'échec dans l'apprentissage d'une matière, et ce dans un programme de niveau primaire.

Causale-comparative (recherche)   Souvent utilisée en sciences humaines pour des raisons d'éthique sociale, cette recherche vise à établir une relation de cause à effet à partir de variables naturelles sans passer par la manipulation[4,9,17,50]. *Exemple:* Un chercheur peut s'intéresser à l'étude de l'effet du sexe, du contexte social et du contexte économique sur l'apprentissage d'une langue seconde.

Clinique (recherche)   Ce type de recherche passe par les mêmes étapes de recherche que l'enquête statistique, mais, contrairement à la première, elle se fait plus intensivement. L'accent est mis sur l'observation des processus plutôt que sur l'observation des résultats eux-mêmes[32,39]. *Exemple:* Un chercheur peut vouloir observer le processus d'assimilation des mathématiques chez deux groupes d'enfants éprouvant des difficultés d'apprentissage et établir des relations avec certaines variables d'un contexte.

Corrélative (recherche)   Ce genre de recherche vise à établir le degré de relation qui existe entre deux variables au moins, et cela à partir du coefficient d'une corrélation simple ou multiple. La recherche corrélative n'implique pas la relation de cause à effet, elle est un indice de relation[22,41]. *Exemple:* Un chercheur peut désirer établir la relation entre la motivation, la créativité et le rendement scolaire.

Descriptive (recherche)   Elle porte davantage sur la description claire, systématique du matériel et du phénomène étudiés, et cela dans un intérêt fonctionnel à partir de différentes modalités comme l'enquête, le projet pilote, l'interview[3,4,17,18,51,52,59]. *Exemple:* Étude d'une communauté en tenant compte de l'âge, du taux de natalité, de l'origine raciale, de l'état de santé, du degré d'instruction, etc.

Développement de produits (recherche)   La recherche de ce type est orientée vers la production et l'emploi de matériaux, d'appareils, de méthodes ou d'instruments nouveaux[17,20,23,25,33,36,46,50,58]. *Exemple:* Un chercheur peut profiter des données de la recherche appliquée et des connaissances empiriques pour écrire un livre sur l'apprentissage de la lecture.

Documentaire (recherche)   Elle vise à reconstituer l'histoire d'une certaine partie d'un système d'activités afin de confronter les résultats de différentes études dans le même domaine de connaissance. L'importance de l'analyse de contenu (en recherche documentaire) peut porter sur des documents passés ou contemporains et se faire à partir d'une approche qualitative ou quantitative[36,42]. *Exemple:* Effectuer une comparaison entre deux systèmes de gestion scolaire pour vérifier un point en particulier, et ce dans le domaine de la connaissance pédagogique.

Empirique (recherche)   Ce type de recherche porte sur les observations et les expériences systématiques. Les différentes recherches empiriques se distinguent par la plus ou moins grande possibilité de manipuler les variables. Lorsque les variables indépendantes comme le sexe et l'âge ne peuvent être modifiées, on a recours à des groupes différents pour augmenter le contrôle[8,41]. *Exemple:* Étudier l'effet de la motivation intrinsèque chez des élèves à la suite d'un changement d'attitude, en tenant compte de l'âge, du sexe et de l'état socio-économique.

Évaluative (recherche)   Elle touche le processus décisionnel et permet de recueillir des données pour évaluer le processus ou les résultats d'un programme, d'une intervention ou d'un système. Généralement, la recherche évaluative tend à répondre à une question en trois points: Quel est l'effort de l'intervention, sa performance et son efficacité[3,6,10,11,14,16,28,34,42,45,48,54]? *Exemple:* Un chercheur peut s'intéresser à étudier l'effet d'un programme sur l'insertion sociale de jeunes délinquants provenant de milieux de détention.

Expérimentale (recherche)   Cette recherche repose sur l'épreuve d'hypothèses dans les relations de cause à effet. Le chercheur agit sur le sujet en contrôlant les variables dont certaines sont maintenues constantes tandis que d'autres varient[4,15,18,41,47]. *Exemple:* Un chercheur peut désirer vérifier la relation empirique entre le rendement en lecture et le changement d'attitude en manipulant l'information selon la personnalité de l'élève et son type de curiosité.

Expériencielle (recherche)   La recherche expériencielle vise à rassembler empiriquement des opinions, des analyses de travaux, des discussions, des activités lors de certaines pratiques pédagogiques dans le but de mettre en application un programme amélioré ou nouveau. Ce genre de recherche met l'accent sur l'expression subjective de l'expérimentation[8]. *Exemple:* Effectuer une recherche pour améliorer un cours en télémédiatisation.

Exploratoire (étude)   La recherche de ce type est orientée vers la découverte des idées pour localiser un phénomène avant de faire des études ultérieures. Une telle démarche constitue toujours une première étape à franchir avant de poursuivre une recherche plus quantitative[14,51]. *Exemple:* La recherche a pour but de connaître les principaux facteurs communs à deux groupes culturels afin de promouvoir leur intégration.

Ex-post-facto (recherche)   Dans ce type de recherche, on étudie une relation de cause à effet sans pour autant avoir le contrôle direct de la situation ou de la variable causale. *Ex-post-facto* est une expression latine qui signifie «après le fait»; cette recherche est donc orientée sur la reconstitution d'un modèle de recherche une fois l'expérience commencée. Elle est utilisée pour la pré-expérimentation, pour répondre à des situations difficiles ou encore pour des raisons d'éthique[3,30,31]. *Exemple:* Repérer, dans une école secondaire, les relations possibles entre les décrocheurs et les échecs en mathématiques, en français et en sciences.

Fondamentale (recherche)   Recherche de connaissances nouvelles et de champs d'étude nouveaux dans un but pratique[4,7,15,17,18,20,25,41,50,59]. *Exemple:* Un chercheur peut vouloir comprendre le processus d'apprentissage de la lecture chez les jeunes enfants. Son but n'est pas de trouver des solutions pratiques mais des éléments pratiques.

Historique (recherche)   La recherche historique reconstitue le passé d'une manière objective et exacte. Généralement, le chercheur doit remonter aux sources, se référer à des critiques internes et externes et définir le sens de l'interprétation qu'il donne aux choses[3,15,17,30]. *Exemple:* Étudier les facteurs qui ont contribué à préserver la culture d'un groupe minoritaire dans différents contextes: social, économique, politique, géographique, familial, psychologique, etc.

Implantation (recherche d')   Une telle recherche a pour but d'implanter une solution déjà proposée lors d'une recherche précédente afin d'en vérifier l'applicabilité. Cette recherche exige du chercheur une connaissance approfondie de la stratégie afin d'adapter la solution au contexte[15]. *Exemple:* Mettre en marche un programme de conduite automobile préparé à partir d'une enquête et d'une approche d'action.

Innovation (recherche d')   On utilise ce genre de recherche pour apporter à un système une nouveauté quelconque à partir d'un modèle contrôlé. Dans cette optique, il faut distinguer l'innovation contrôlée et l'innovation évaluée. La première est structurée à partir d'un modèle tandis que la seconde se contente de suivre des objectifs. On dit souvent que la créativité fait naître l'état d'esprit de la recherche, et que l'innovation en est l'aboutissement[5,7,14,25,44,46,50,56,57,58]. *Exemple:* Recherche de développement pour introduire une nouvelle méthode pédagogique d'apprentissage du français écrit.

Interdisciplinaire (recherche) Cette recherche met en commun des structures et des méthodes pour résoudre un problème complexe à partir de l'expérience, de la perception de plusieurs spécialistes et des acquis venant de plusieurs disciplines. Il est souvent utilisé pour étudier les problèmes écologiques[44,65]. *Exemple:* Une recherche pour étudier le processus et les résultats de la pollution d'un cours d'eau.

Intervention (recherche d') Elle vise à susciter des changements dans un groupe ou une situation à partir d'interventions adaptées aux circonstances. Dans ce sens, la recherche d'intervention est généralement précédée par d'autres études et la plus grande difficulté réside alors dans le contrôle des variables[31,51,59]. *Exemple:* Recherche pour introduire, à la première année du primaire, un programme d'apprentissage par ordinateur.

Méthodologique (recherche) Ce type de recherche vise à intégrer et à contrôler de façon systématique les aspects théoriques et pratiques de la mesure. Elle est importante en raison de la manière d'utiliser les mathématiques, les statistiques, d'obtenir des données, de les analyser et de les interpréter[30,35]. *Exemple:* Trouver une approche, un moyen d'observer et d'évaluer l'impact du micro-ordinateur sur l'organisation de l'enseignement des mathématiques au secondaire.

Normative (recherche) Une telle recherche a pour but de prescrire des obligations et des attributions pour changer ou améliorer un système de normes[8]. *Exemple:* Étude pour renouveler un système juridique à partir d'une nouvelle constitution.

Observation en laboratoire (recherche d') Ce genre de recherche procède systématiquement à l'exploration d'un phénomène pour en étudier les processus. Cette recherche est souvent confondue avec l'enquête qui concerne les résultats et la fréquence des phénomènes, tandis que l'observation en laboratoire est intensive et porte seulement sur les structures à partir des processus qui conduisent aux résultats[33]. *Exemple:* Faire une observation dans une classe pour étudier la façon dont un élève s'y prend pour résoudre certains problèmes en mathématiques, et ce à partir de différentes méthodes heuristiques.

Opérationnelle (recherche) La recherche opérationnelle porte sur l'analyse systémique d'une situation qui nécessite une décision. L'orientation d'un système par rapport à un ensemble de stratégies permet d'éclairer le processus décisionnel quant aux problèmes d'organisation, au processus de travail ou aux procédés de fabrication. Ce type de recherche se rapproche de la recherche-action et la recherche d'intervention de la recherche opérationnelle[1,29,32,35]. *Exemple:* Une équipe de chercheurs pourrait s'intéresser au rassemblement des diverses techniques reliées au transport, à la fabrication d'appareils, à l'organisation d'une chaîne de montage, à un système de gestion, à une planification PERT, etc. L'équipe pourrait étudier deux stratégies pour chacun de ces exemples.

Participative (recherche)   Ce type de recherche repose sur la participation à la vie d'un groupe de personnes à titre de chercheur pour mieux comprendre la vision du monde du groupe en question[8,15,27,41,43]. *Exemple:* S'intégrer dans une communauté afin de recueillir des données sur un aspect de la réalité vécue par cette communauté, comme la façon de cultiver, d'élever les enfants, etc.

Philosophique (recherche)   Une telle recherche permet de réfléchir sur l'état d'un système à partir d'une conception globale du monde et de ses structures dans le but de les confronter[8]. *Exemple:* Réflexions en vue de relier et de coordonner les résultats des divers programmes de sciences sans la rigueur de la communauté scientifique.

Projet pilote (recherche)   Cette recherche n'est, en somme, qu'une première phase visant à rassembler des informations sur un problème, en vue d'un projet de recherche futur. Cette première visée sert à préparer le terrain, à adapter un modèle, à développer des instruments et à ouvrir la voie à une recherche plus scientifique[14,15,38,40]. *Exemple:* Projet pilote dans le but de valider un instrument de mesure des attitudes et de préparer une démarche pour changer les attitudes.

Statistique (recherche)   Ce genre de recherche vise à recueillir des données de façon extensive par l'observation, l'interview et le questionnaire dans le but de reconstituer, de façon globale, le cadre opératoire des propriétés de certaines classes d'objets. Dans ce cas, on s'intéresse plus aux propriétés externes qu'à la compréhension interne des structures[8,30,35,53,55]. Exemple: Un chercheur peut désirer produire le cadre opératoire des relations entre le choix de carrière des étudiants du secteur professionnel et leurs attitudes sociales.

Sur le terrain (étude)   La recherche de ce type s'applique à des observations approfondies sur la nature et la fréquence des phénomènes. L'orientation peut être descriptive, exploratoire ou heuristique[14,26,33,49]. *Exemple:* Un chercheur peut désirer décrire minutieusement les interactions élèves-élèves dans une situation de récréation, et cela dans le but de découvrir les comportements qui caractérisent l'agressivité chez les jeunes.

Sur le terrain (expérience)   La recherche de ce genre porte sur l'expérimentation et la vie réelle. La variable dite indépendante n'est pas laissée à l'événement; elle est plutôt orientée à partir du but de l'expérimentateur. Souvent, en éducation, l'interaction entre les sujets peut prendre une forme d'observation participante ou non participante[13,14,30,33,48]. *Exemple:* Un chercheur peut entreprendre une étude pour constater les résultats des élèves quant à l'efficacité et à la performance de deux méthodes pédagogiques.

«Survey» (recherche)   Recherche de type descriptif dont le but est de rendre compte de certains traits qui caractérisent un phénomène et de les décrire de façon spécifique. Elle peut avoir une orientation longitudinale ou horizontale et permet de quantifier un système, d'étudier les effets des interactions ou les interrelations. Pour plus de précision, disons que le «survey» fait le bilan des résultats alors que l'étude de cas ou la monographie analyse aussi les causes et les processus (interactions)[8,19,42]. *Exemple:* Combien de professeurs enseignant les sciences au secondaire possèdent un diplôme de maîtrise?

Témoignage (recherche de)   Ce genre de recherche vise à recueillir des informations pour la reconstitution chronologique d'un événement passé[8,62,63]. *Exemple:* Recherche pour reconstituer les contextes économique, technique, démographique et politique à partir d'informations verbales.

Précisons, avant de terminer, que rien ne sert de mémoriser les 34 définitions ci-dessus. Ce lexique heuristique veut simplement faire prendre conscience au chercheur qu'il y a plusieurs chemins à suivre, plusieurs façons d'appréhender, de penser la même réalité et qu'aucune de ces méthodes n'est absolue. La meilleure est celle qui convient à son propre style de pensée et permet d'attaquer le problème à partir d'un bon modèle.

Conserver les éléments essentiels pour atteindre le but visé est la façon de bâtir un système spécifique assez simple pour un type de recherche. Le rasoir d'Occam est l'un des fondements de la méthode scientifique; d'après ce fondement, si un élément est inutile pour le type de recherche choisi, il faut alors l'enlever.

Module 12
Les choix techniques

Nous arrivons maintenant au dernier niveau de la discussion concernant la méthode systématique pour résoudre un problème: c'est la dernière réduction du modèle holistique que nous utilisons pour arriver à la connaissance selon la méthode scientifique. À ce stade, nous nous intéressons à l'instrumentation, à des techniques spécifiques rassemblées pour effectuer une étude en particulier. C'est ainsi, par exemple, que l'on pourrait parler d'un procédé spécifique pour évaluer le Q.I., d'un instrument spécifique de mesure, d'une technique spécifique de statistiques, d'une façon particulière d'interpréter les résultats de recherche. Les écrits[1,2,3,4,5,6] traitant de la procédure à suivre pour les choix techniques et les instruments de mesure en rapport avec l'enseignement et l'apprentissage font ressortir quatre facteurs importants qui empêchent de faire des choix basés sur la qualité:

Le manque d'envergure des instruments sur le plan opération-nel Les chercheurs utilisent rarement des instruments capables de fournir un éclairage global sur une situation générale d'enseignement suivant le contexte, l'intervention pédagogique, le processus d'apprentissage et les divers résultats.

Le manque de connaissances par rapport aux autres re-cherches On préfère développer ses instruments plutôt que d'utiliser ceux déjà existants, ce qui empêche d'éprouver davantage ou d'améliorer ces derniers.

Le manque de modèles systémiques Ce manque de modèles est contraire à une approche globale pour l'étude de la situation scolaire, d'où l'impossibilité d'analyser des interactions entre les variables, soit le contexte scolaire, l'intervention pédagogique, les processus d'apprentissage et les divers résultats.

Le manque de standards psychométriques On constate que très peu d'écrits donnent l'information essentielle au sujet de la validité, de la fidélité et de la valeur réelle de l'instrument. Souvent, les chercheurs ne savent pas comment décrire ni présenter la performance de l'instrument de façon scientifique.

Ces quatre faiblesses concernant les choix techniques ont une influence considérable sur la qualité du processus de la mesure en recherche. Nous savons que l'interprétation de la méthode scientifique, à ce niveau, concerne les instruments de mesure dont le contrôle est assuré grâce à une procédure spécifique. Le contrôle signifie que les observations ou l'expérimentation sont planifiées, réglées et effectuées avec toutes les contraintes nécessaires sur le plan de la mesure opérationnelle. En un sens, selon le type de recherche, les tests statistiques ne sont pas les seuls moyens d'effectuer un contrôle; le chercheur doit avoir recours à des critères pour choisir des techniques et des instruments valides adaptés à la situation. Si nous considérons l'ensemble de ces facteurs, cinq critères sont retenus pour aider le chercheur à choisir les instruments de mesure et exercer ainsi un contrôle de qualité sur les techniques de mesure:

Le premier critère concerne la pertinence des instruments compte tenu du domaine analysé par le système de la recherche. Est-ce que l'instrument est apprécié dans le domaine étudié? Comment est-il coté dans les autres recherches?

Le deuxième est lié à la valeur écologique de l'instrument. Ainsi, par exemple, une approche technique dans une classe en situation naturelle d'observation est différente de l'analyse d'une recherche en situation d'expérimentation artificielle. Le processus de la mesure dans une situation naturelle comporte des techniques d'observation participante surtout lorsqu'il s'agit d'observer des comportements spontanés. Est-ce que l'instrument est adapté à la situation effective de recherche sur le plan écologique? Lors de l'évaluation des instruments de mesure en recherche pour des fins pédagogiques, il est important, d'une part, de savoir qui observe: le professeur, l'élève ou un observateur et, d'autre part, de savoir qui est observé: le professeur, l'élève, la classe, etc.

Le troisième critère concerne la possibilité de se procurer l'instrument dans un commerce ou dans tout autre endroit public. Il faut se poser les questions suivantes: Qu'en est-il des droits d'auteur et de la date de publication? Est-ce que l'instrument est disponible dans telle ou telle circonstance? S'il n'existe pas, quel serait le coût pour le développement d'un tel instrument? Est-ce que tel éditeur est crédible?

Le quatrième critère a trait à la performance de l'instrument dans les autres recherches. Est-ce qu'il a été utilisé dans des recherches parallèles et dans quelles circonstances? Quel est le niveau du groupe auquel le test a été destiné?

Le cinquième critère repose sur l'adéquation entre l'instrument et la définition opérationnelle de la recherche. Deux qualités métrologiques sont nécessaires pour établir la valeur de l'instrument sur le plan psychométrique suivant ce critère: la validité et la fidélité[6, 7].

Validité-fidélité

La validité et la fidélité sont des concepts liés. Si nous avions la certitude qu'un instrument est valide, nous n'aurions pas à nous inquiéter de sa fidélité. La validité porte à la fois sur les erreurs constantes et celles dues au hasard, tandis que les calculs de la fidélité se font seulement sur les erreurs dues au hasard. Toutefois, un instrument non fidèle ne peut pas être valide.

Notion de validité

Est-ce que l'instrument mesure bien ce qu'il doit mesurer? Cette qualité est assurée par celle de la relation entre l'observation de la réalité et sa formulation. Pour réunir perception et conception, la science a inventé le concept de la validité et différentes modalités pour établir la relation sujet-objet. Ici, nous ne traiterons que des trois types de validité généralement reconnus: validité corrélationnelle, validité des structures et validité du contenu formel.

Validité corrélationnelle *(Criterion-Related Validity)*

Ce genre de validité se rapporte aux corrélations entre l'instrument en question et aux autres du même type déjà validées. Généralement, on se base sur deux modalités pour établir cette validité: la concurrente et la prédictive. La première effectue une corrélation dans une situation présente. *Exemple*: établir une relation au moyen des scores déjà connus. La deuxième effectue une corrélation en regard d'une situation future, en vue d'obtenir un pronostic. *Exemple*: établir une prédiction.

Validité de structure ou hypothético-déductive *(Construct Validity)*

Ce genre de validité repose sur le sens général et le sens spécifique de la mesure. Généralement, on se base sur deux espèces de modalités pour établir cette validité, soit la concomitante et l'empirique. La première vérifie la portée théorique de l'instrument, sa compatibilité avec un système théorique reconnu. La modalité concomitante nous indique jusqu'à quel point les scores au test peuvent être utilisés pour estimer les scores réels effectivement réalisés par les mêmes sujets, lors d'une autre épreuve dont la validité a déjà été établie et reconnue. La deuxième vérifie la partie pratique en la comparant aux données d'un expert.

Validité de contenu formel *(Face Validity)*

Ce genre de validité est concentré sur le contenu et la forme. Généralement, on se base sur deux modalités pour l'établir: la validité de contenu rationnel et la validité apparente. La première concerne la cohérence des éléments d'un test avec les objectifs à la base des questions. La deuxième concerne la perception: c'est l'adéquation du contenu de l'instrument constatée à partir de la correspondance évidente entre les éléments d'un test.

C'est généralement à ces trois types de qualité métrologiques qu'on se réfère pour établir la valeur d'un instrument sur le plan de la validité. Quant à la fidélité, c'est la qualité de l'instrument qui permet de corriger les erreurs dues au hasard. C'est ce que nous aborderons dans cette dernière section.

Notion de fidélité

Est-ce que l'instrument utilisé présente toujours la même mesure de comportement d'un individu dans des contextes différents et des conditions identiques et pour des sujets donnés? Il s'agit donc de *constance* ou de *stabilité* des résultats d'un même test à divers intervalles, ou de l'*équivalence* de différents instruments pour mesurer la même réalité, ou encore de l'*homogénéité* ou du *degré de consistance interne* qu'offrent les sujets à des questions variées destinées à mesurer la même chose. Ainsi, la fidélité est une façon de vérifier les erreurs de la variance de la mesure.

Il existe trois méthodes reconnues pour mesurer le coefficient de corrélation permettant d'assurer la constance ou la stabilité de l'instrument.

Méthode des formes équivalentes: *coefficient d'équivalence* D'après cette méthode, il s'agit de préparer deux formes parallèles d'un même instrument dans les deux cas.

Méthode du test retest (*Etability*): *coefficient de stabilité* Cette méthode établit la corrélation entre les résultats de deux ou de plusieurs évaluations dans les mêmes conditions expérimentales, mais à des moments différents.

Méthode de Kuder Richardson et alpha (α): coefficient de consistance interne (*Internal Consistency*) Même si cette source d'erreur s'explique généralement par le coefficient α, on peut utiliser trois modalités pour la vérifier. Ainsi, l'homogénéité de la variance peut s'effectuer par la méthode des formes parallèles, par celle des deux moitiés de Spearman-Brown[8], par la méthode de Kuder-Richardson[9] et celle de Cronback[10].

La figure 5 donne le sommaire des principaux éléments étudiés et aide à recueillir l'information essentielle pour se situer par rapport à l'ensemble des facteurs et des critères dont il a été question dans ce module. Ainsi, lors de la recension des écrits, on peut classer l'information pertinente obtenue par les instruments à partir de la grille. Celle-ci permet de globaliser toute l'information à partir de quatre dimensions: deux classifications — selon l'objet et le sujet —, trois codifications, six éléments d'information générale et deux critères spécifiques en rapport avec la nature et la validité de l'instrument. Ainsi, le chercheur peut organiser toute l'information et les données essentielles pour apprécier la valeur de ses instruments de mesure.

Conclusion

La formalisation que nous avons proposée pour représenter la méthodologie générale, à partir de quatre niveaux (les paradigmes, les stratégies, les techniques et les méthodes) permet d'appliquer l'approche holistique,

---

Figure 5

Grille d'information pour les instruments de mesure en recherche

Critères nécessaires pour les choix techniques	Information disponible et remarques

Schème de la classification du contexte

Objet observé   Professeur ☐   Élève ☐   Autre ☐
Sujet qui observe Professeur ☐   Élève ☐   Classe ☐

Codification

• *Identification*

Le titre de l'instrument   ☐
L'auteur de l'instrument   ☐
Le type de mesure   ☐
    sociométrique
    habileté
    attitude
    autres (préciser)

Informations générales

• *Nature*

Description de l'instrument   ☐
Population concernée   ☐
Variable mesurée   ☐
Échelle de mesure   ☐
Contexte d'utilisation   ☐
Référence à la classification ☐

Validité

Nature psychométrique/Validité ☐   Fidélité ☐
    • normes d'utilisation
    • procédures administratives
    • exemplaire d'un article
    • références majeures

N.B. — Cette grille peut être adaptée au style du chercheur. Les critères que l'on retrouve dans ce tableau représentent des informations essentielles pour décrire la nature et la valeur de l'instrument, et ainsi éclairer le processus décisionnel lors des choix techniques.

c'est-à-dire de passer du général au particulier ainsi que de réduire et d'abstraire de façon plus consciente. La représentation du système méthodologique par un arbre avec ses racines, son tronc, ses branches et ses feuilles montre bien comment il est essentiel, en recherche des connaissances, de ne pas perdre de vue l'unité entre tous les éléments. C'est l'essence même du zen.

Autant l'arbre a besoin de toutes ses parties et d'un certain environnement pour vivre en bonne santé, autant il importe pour réaliser une recherche de qualité d'établir les perspectives du chercheur, de choisir une stratégie spécifique et un but précis, d'opter pour une orientation méthodologique pertinente et de s'assurer aussi que les techniques et la procédure sont valides. Ce sont là les quatre grandes divisions du discours philosophique de la science.

Références

MODULE 9

1   SINATRA, Richard et STAHL-GEMAKE, Josephine, *Using the Right Brain in the Language Arts* (Illinois), Charles C. Thomas, 1983, pp. 76-85.

2   GEPHART, W.J., *Toward a Taxonomy of Emperically, Based Problem Solving Strategies,* Bloomington (Indiana), Phi Delta Kappa, Center for Evaluation, vol. 7, n° 1, décembre 1977.

3   NSPER, *Session of the National Symposium and Differences in the Research* (Michigan), Michigan State University; San Francisco (California), University of San Francisco, 1972, p. 15.

4   GURVITCH, George, *Dialectique et sociologie,* Paris, P. U. F.,1962, p. 11.

5   PATTON, M.Q., *Utilization Focussed Evaluation,* Beverly Hills (California), Sage, 1978; aussi *Qualitative Methodology, Choice, Evaluation and Program Planning,* vol. 3, 1980, pp. 219-228.

6   KUHN, T.S., *The Structure of Scientific Revolution,* Chicago (Illinois), University of Chicago Press, 1970, p. 51 et pp.108-112.

7   RITZER, George, *Sociology: A Multiple Paradigm Science,* Boston (Massachusetts), Allyn and Bacon, 1975, pp. 950-951.

8   COOK, T.D. et REICHARD, C.S., Ed., *Quantitative and Qualitative Methods in Evaluation Research,* Beverly Hills (California), Sage Publications, 1979. Le chapitre I concerne spécifiquement la notion de paradigme en rapport avec les besoins de choisir.

9   MASTERMAN, Margaret, *The Nature of a Paradigm in Criticism and Growth of Knowledge*, Cambridge, Lakatos et Alan Musgrave, Cambridge Editions, Cambridge University Press, 1970, pp. 58-92.

10   LECOMTE, R. et RUTMAN, Léonard, *Introduction aux méthodes de recherche évaluatives*, Québec, P.U.L., 1980, pp. 1-18.

11   LAFERRIÈRE, Thérèse, *Et pourquoi pas de la recherche sans hypothèse? L'alternative «existentielle-phénoménologique»*, Montréal, Repères, essais en éducation, n° 5, Université de Montréal, 1985, pp.109-120.

12   OUELLET, André, *L'Évaluation des apprentissages à la croisée des chemins, vers une évaluation créative, dans des pratiques évaluatives*, Montréal, Éditions NHP, 1984, pp. 25-95.

13   MINSKY, Marvin, *Society of Mind*, New-York, Simon Schuster, 1986, pp. 24-34.

14   SCHLOEGL, Irmgard, *La Sagesse de maîtres Zen*, Montréal, Éditions Sélect, 1982, pp. 7-59.

15   CAPRA, Fritjof, *Le Tao de la physique*, Paris, Éditions Tchou, 1985, pp. 133-175.

16   CHALVIN, Dominique, *Utiliser tout son cerveau. De nouvelles voies pour accroître son potentiel de réussite, connaissances du problème: applications pratiques*, Paris, Éditions E.S.F., Coll. Roger Mucchielli, 1986, pp. 18-41.

17   DUBOS, René, *Les Célébrations de la vie*, New-York, Éditions Stock, 1982, pp. 318-391.

18   VALLE, R.S. et KING, Ed. *Existential Phenomenological Alternative for Psychology*, New-York, Oxford University Press, 1978, pp. 13-14.

19   OUELLET, André, *Une étude empirique de la relation entre la curiosité spécifique et le changement d'attitude: une extension de la théorie de Katz*, thèse de doctorat inédite, Université d'Ottawa, 1975, pp. 1-24.

20   SPERRY, Roger, *Science*, 24 septembre, 1982, p. 1623.

21   RÉGNAULT, Martine Allain, *Science et avenir*, n° 418, décembre 1981, pp. 28-33.

22   SELYE, H., *Stress sans détresse*, Montréal, Éditions La Presse, 1974, 179 p.

23   CHALVIN, Dominique, *Utiliser tout son cerveau. De nouvelles voies pour accroître son potentiel de réussite, connaissances du problème: applications pratiques*, Paris, Éditions E.S.F., Coll. Roger Mucchielli, 1986, pp. 18-100.

24   LISH, T.U., «Zen in Meditation and   the Development of Empathy in
      Counselar», Journal of Humanistic Psychology, vol. 10, n° 1, printemps 1970,
      pp. 39-83.

25   FERGUSON, Marilyn, Les Enfants du verseau: pour un nouveau paradigme,
      Paris, Calmann-Levy, 1981, pp. 16-35.

26   OUELLET, André, L'Évaluation des apprentissages à la croisée des chemins:
      vers une évaluation créative dans des pratiques évaluatives, Victoriaville, Les
      Éditions NHP, 1984, pp. 25-95.

MODULE 10

1   GEPHART, William J., Vers une taxonomie de stratégies empiriquement
      basées pour résoudre les problèmes, New-York, Phi Delta Kappa, vol. 1, n° 1,
      décembre 1977, 12 p.

2   OUELLET, André, Processus de recherche: une approche systémique, Québec,
      P.U.Q., 1981, pp. 48-60.

3   BAKER, Robert L. et SCHUTZ, Richard E., Instructional Product Research,
      New-York, American Book Company, 1972, pp. XIX-XXVIII.

MODULE 11

1   ACKOFF, R.L. et SASIENI, M.W., Fundamentals of Operations Research,
      New-York, John Wiley and Sons, 1968.

2   AMERICAN INSTITUTE FOR RESEARCH, Evaluative Research Strategies and
      Methods, Pittsburg (Pensylvania), American Institute for Research, 1970.

3   ASHER, J.W., Educational Research and Evaluation Methods, Toronto, Little,
      Brown and Company, 1976, 350 p.

4   BALLEYGUIER-BOULANGER, Geneviève, La Recherche en sciences hu-
      maines, Paris, Éditions universitaires, 1970.

5   BARNETT, H.G., Innovation: The Basis of Cultural Change, New-York,
      McGraw-Hill, 1953.

6   BENNET, C.A. et LUMSDAINE, A.A., Evaluation and Experiment: Some
      Critical Issues in Essessing Social Programs, New-York, Academic Press, 1975.

7   BIANCAI, H., L'Innovation et ses contraintes. Onze études de cas. Paris,
      Eyrolles, 1974.

8   CARDINET, Jean et SCHMUTZ, Madeleine, *Évaluation des recherches en pédagogie*, Neufchâtel, I.R.D.P., 1975, 43 p.

9   CARPENTER, J., DELORIA, D. et MORGANSTEIN, D., *Statistical Software for Microcomputers: A Comparative Analysis of 24 Packages*, Bytes, 1984, pp. 234-236; 238-252; 254, 256, 258, 260, 262, 264.

10   CARTER, N. et WHARF, B., *L'Évaluation des programmes de développement social*, Ottawa, Conseil canadien de développement social, 1973.

11   COLLEY, W.W. et LOHNES, P.R., *Evaluation Research in Education*, Toronto, John Wiley and Sons, 1976.

12   DESCHÊNES, Bruno, «Les Nouvelles Théories scientifiques: un nouveau paradigme», *Interface*, janvier-février, 1985.

13   DOUGLAS, D.J., *Investigate Social Research: Individual and Team Field Research*, Londres, Sage Publications, 1976.

14   FESTINGER, L. et KATZ, D., *Research Methods in the Behavioral Sciences*, New-York, Holt, Rinehart and Winston, trad. par H. Lesage, *Les méthodes de recherche dans les sciences sociales*, Paris, P.U.F., t. 1 et 2, 1959.

15   FOX, D.J., *The Research Process in Education*, New-York, Holt, Rinehart and Winston, 1969, 758 p.

16   GALFO, Armand J., *Interpreting Educational Research*, Iowa (Hawaï), Brown Company Publishers, 1975.

17   GAY, L.R., *Educational Research*, Colombus (Ohio), Charles E. Merril, 1976.

18   GEPHART, W.J. et INGLE, R.B., *Educational Research, Selected Readings*, Colombus (Ohio), Charles E. Merril, 1969.

19   GLOCK, C.Y., *Survey Research in the Social Sciences*, New-York, Russel Sage Foundation, 1967.

20   GOOD, C.V., *Essential of Educational Research: Methodology and Design*, New-York, Appleton-Century-Croft, 1966.

21   GOYETTE, Gabriel, *La Recherche-action: ses fonctions, ses fondements et son instrumentation*, Québec, Gouvernement du Québec, Conseil québécois de la recherche sociale, juin 1985, 266 p.

22   GRAY, P.J. et DECK, D., *Materials for a Workshop on Using Microcomputers in Evaluation and Assessment*, Research on Evaluation Program Paper and Report Series, n° 89, Portland Northwest Regional Educational Laboratory, 1983.

23   GRAY, P.J., *Microcomputers in Evaluation, Word Processing Programs,* *Evaluation News,* vol. 5, n° 1, 1984, pp. 81-86.

24   GUYOT, Yves, PUJADE-RENAUD, C. et ZIMMERMANN, D., *La Recherche* *en éducation,* Paris, E.S.F., Coll. Science de l'éducation, 1974, 163 p.

25   HARDYCK, C.D. et PETRINOVICH, L.F., *Understanding Research in the* *Psychology and Sociology,* New-York, Appleton-Century-Croft, 1975.

26   HOAGLIN, D.C., LIGHT, R.J., MCPEEK, B., MOSTELLER, F. et STOTO, M.A., Ed., *Data for Decisions: Information for Policymakers,* Cambridge (Massachu-setts), Abt Associate, 1982.

27   HORTH, Raynald et AUBIN, Madeleine, *L'Approche qualitative comme* *méthodologie de recherche en sciences de l'éducation,* Québec, Les Éditions de la mer, 1986.

28   HUBERMAN, Michael, «L'Utilisation de la recherche éducationnelle: vers un modèle d'emploi», *Éducation et recherche,* vol. 4, n° 2, 1982, pp. 136-152.

29   JOHNSON, R.A., KAST, F.E. et ROSENZWEIG, J.E., *Théorie, conception et* *gestion des systèmes,* Paris, Dunod, 1970, 536 p.

30   KERLINGER, F.N., *Foundations of Behavioral Research,* 2ᵉ éd., New-York, Holt, Rinehart and Winston, 1973, 741 p.

31   KRATOCHWILL, T.R. Edit., *Single Subject Research. Strategies for Evaluating* *Change,* New-York, Academic Press, 1978, 336 p.

32   LEMAINE, Gérard et LEMAINE, Jean-Marie, *Psychologie sociale et expérimen-tation,* Paris, Mouton/Bordas, 1969, 360 p.

33   LANDSHEERE, G. de, *Introduction à la recherche en éducation,* Paris, Armand Collin-Bourrelier, 1972, 312 p.

34   LECOMTE, Roland et RUTMAN, Léonard, *Introduction aux méthodes de* *recherche évaluative,* Québec, P.U.L., 1982, 187 p.

35   LÉON, A. et CAMBON, J., *Manuel de psychopédagogie expérimentale,* Paris, P.U.F., Coll. Pédagogie d'aujourd'hui, 359 p.

36   MORRIS, Lynn Lyons et FITZ-GIBBON, Carol T., *How to Measure Program* *Implementation,* Londres, Sage Publications, 140 p.

37   MARRIS, P. , *Loss and Change...,* New-York, Anchor Books, 1975.

38   MOURSUND, J.P., *Evaluation: An Introduction to Research Design,* Monterey (California), Brooks/Cole Publishing, 1973.

39   NEALE, J.M. et LIEBERT, R.M., *Science and Behavior: An Introduction to* *Methods of Research,* Englewood Cliffs (New Jersey), Prentice-Hall, 1973.

40   ORGANISATION DE COOPÉRATION ET DE DÉVELOPPEMENT ÉCONOMIQUES, *Recherche et développement en matière d'enseignement,* Paris, O.C.D.E., 1974.

41   OUELLET, André, *Processus de recherche: une approche systémique,* Québec, P.U.Q., 1981, 268 p.

42   OUELLET, André, *L'Évaluation créative: une approche systémique des valeurs,* Québec, P.U.Q., 1983, 411 p.

43   OUELLET, André [*et al.*], *Des pratiques évaluatives,* Victoriaville, Les Éditions NHP, (Pour la recherche qualitative), 1984.

44   PIAGET, J., *Main Trends in Inter-Disciplinary Research,* Londres, George, Allen and Unwin, 1973.

45   PINARD, A., LAVOIE, G. et DELORME, A., *La Présentation des thèses et des rapports scientifiques (normes et exemples)* , Montréal, Université de Montréal, Département de psychologie, 1977, 10 6 p.

46   RIBEREAU-GAYON, J., *Problèmes de la recherche scientifique et technologique: les hommes et les groupes,* Paris, Dunod, 1972.

47   RIECKEN, H.W. et BORUCK, E.D., *Social Experimentation: A Method for Planning and Evaluating Social Intervention,* New-York, Academic Press, 1974.

48   ROSSI, P.H. et WILLIAMS, W., *Evaluating Social Programs: Theory, Practice and Politics,* New-York, Seminar Press, 1972.

49   ROTHMAN, Jack, *Planning and Organization for Social Change: Action Principles from Social Science Research,* New-York, University of Columbia, 1974, 628 p.

50   SAINT-PAUL, R., *Recherche et développement,* Paris, Dunod, 1966.

51   SELLITZ, C. et COOK, S.W., *Research Methods in Social Relation,* New-York, Holt, Rinehart and Winston, 1976, trad. en français par D. Bélanger, *Les Méthodes de recherche en sciences sociales,* Montréal, Éditions H.R.W., 1977, 606 p.

52   SHEVENELL, R.H., *Recherches et thèses,* Ottawa, Éditions de l'Université d'Ottawa, 1963, 162 p.

53   SPUCK, D.W. et ATKINSON, G., «Administrative Uses of the Microcomputer», *AEDS Journal,* vol. 17, nᵒˢ 1 et 2, 1983, pp. 83-90.

54   SZABO, D. et RIZKELLA, S., *Conducting Evaluative Research and Implementary its Results Dilemmas for Administration and Research,* Montréal, Centre institutionnel de criminologie comparée, 1977.

55   TALLEY, S., «Selection and Acquisition of Administrative Microcumputer Software», *AEDS Journal*, 1983, pp. 69-82.

56   TAVEL, C., *L'Ère de la personnalité: essai sur la stratégie créatrice*, Paris, Centre national de la recherche scientifique, 1975.

57   TRAVERS, M.W., *Second Handbook of Research on Teaching: A Project of the American Educational Research Association*, Chicago (Illinois), Rand McNally College, 1973.

58   TREMBLAY, M.A., *Initiation à la recherche dans les sciences humaines*, Montréal, McGraw-Hill, 1968, 425 p.

59   VAN DER MAREN, Jean-Marie et PAINCHAUD, Gisèle, *Actes du colloque sur les objets et méthodologies en recherche qualitative*, tenu à la Faculté des sciences de l'éducation, Université de Montréal, le 1er novembre 1984, 68 p.

60   VAN DER MAREN, Jean-Marie, «Les alternatives aux plans expérimentaux dans la mise à l'épreuve d'hypothèses en éducation», *Repères*, Faculté des sciences de l'éducation, essais en éducation, n° 5, 1985, 120 p.

61   DESLAURIERS, Jean-Pierre, *La Recherche qualitative: résurgence et convergences*, Chicoutimi: U.Q.A.C., Collection Renouveau méthodologique, Groupe de recherche et d'intervention régionales (G.R.I.R.), 1985, 169 p.

62   BHERER, Harold [et al.], *Le Renouveau méthodologique en sciences humaines: recherche et méthodes qualitatives*, Actes du Colloque, Chicoutimi: U.Q.A.C., Coll. Renouveau méthodologique, Groupe de recherche et d'intervention régionales (G.R.I.R.), 1985, 108 p.

63   GILBERT, Christiane et PAQUETTE, Jean, *Politique et règlements régissant le rapport de recherche*, Trois-Rivières, U.Q.T.R., maîtrise en éducation, 1980.

64   UNIVERSITÉ LIBRE DE BRUXELLES, «À propos de la recherche-action», *Revue de l'Institut de Sociologie*, n° 3, Éditions de l'université de Bruxelles, 1981.

65   VAN DER MAREN, Jean-Marie, *Stratégie pour la pertinence sociale de la recherche en éducation*, enquête-symposium réalisée à l'occasion du congrès annuel de la Société canadienne pour l'étude de l'éducation, tenu à l'Université de Montréal, Faculté des sciences de l'éducation, 1985, 130 p.

66   VAN DALEN, D.B., *Understanding Educational Research: An Introduction*, New-York, McGraw-Hill, 1973.

MODULE 12

1   CARDINET, Jean, «L'Élargissement de l'évaluation, éducation et recherche», *Société suisse pour la recherche en éducation*, avril 1979, pp. 16-27.

2   CARDINET, Jean, *L'Adaptation des tests aux finalités de l'évaluation*, vol. 8, n° 72, Neufchâtel, juillet 1972, pp. 1-32.

3   OUELLET, André, *Processus de recherche: une approche systémique*, 2ᵉ éd. Québec, P.U.Q., 1988, pp. 141-199.

4   CHECKLAND, Peter, *Systems Thinking, Systems Practice*, New-York, John Wiley & Sons, 1981, pp. 125-241.

5   OUELLET, André, *L'Évaluation créative: une approche systémique des valeurs*, Québec, P.U.Q., 1983, pp. 79-141.

6   DRESSEL, Paul, L., *Handbook of Academic Evaluation*, 3ᵉ éd., San Francisco, Jossey-Bass Publishers, 1978, 517 p.

7   KEEVES, John P., *Educational Research, Methodology, and Measurement: An International Handbook*, New-York, Pergamon Press Oxford, 1988, sections 3 et 4.

8   BROWN, Spearman, voir R.L., *Thorndike dans Applied Psychometrika*, 1982, ch. 6, pp.143-163.

9   KUDER, G.F. et RICHARDSON, M.W., «The Theory of Estimation of Test Reliability», *Psychometrics*, 1937, vol. 1, pp. 151-160.

10   CRONBACK, L.J., «Coefficient Alpha and the Internal Structure of Tests», *Psychometrika*, n° 16, 1951, pp. 297-324.

L'intuition créatrice et la méthode scientifique

Comment faire évoluer la proposition de recherche à travers les étapes de la méthode scientifique?

Objectifs

Nous voulons, au cours de ce chapitre, démontrer le rôle de l'intuition créatrice en regard de la méthode scientifique. Globalement, le processus scientifique classique comprend trois stades essentiels. 1) Va-et-vient au cours duquel le chercheur se déplace de façon inductive, de l'observation à l'hypothèse et à tout ce qui est logiquement relié à cette hypothèse; 2) déductions du chercheur à partir des connaissances qui le guident dans sa démarche; et 3) mise à l'épreuve, expérimentation ou observation systématique, si l'approche s'avère bonne et les liens compatibles avec les connaissances établies. L'usage de l'hypothèse est la principale différence entre le raisonnement déductif et le raisonnement inductif.

Selon l'approche scientifique moderne *induction-hypothèse-déduction* (I.H.D.), nous utilisons les deux types de logique: la logique inductive et la logique déductive dont l'hypothèse est l'assise. C'est précisément ce cadre général qui a inspiré systématiquement les démarches classiques en recherche jusqu'à présent; ce paradigme, tel qu'on l'interprète actuellement, présente toutefois une vision limitée de la science et des scientifiques. La logique formelle représente évidemment une partie du processus, mais ce n'est pas tout. Il y a un travail de polarisation essentiel à faire entre les données objectives et les données subjectives. Doit-on accepter seulement ce qui se mesure facilement et refuser ce qui se mesure difficilement? Comment résoudre le dilemme entre l'objectif et le subjectif? Comment lire les deux faces de l'univers? C'est ce que nous nous proposons d'expliquer dans ce chapitre.

En éducation, bien sûr, ces trois mouvements ne sont pas nettement séparés et ne se présentent pas toujours de la même façon. On peut les compléter en ajoutant des étapes plus spécifiques, selon les disciplines et le style du chercheur. Ainsi, quelqu'un pourra adopter une démarche qualitative particulière par formation, croyance ou choix paradigmatique, et essaiera d'apporter la preuve de ce qu'il avance. Toutefois, pour y arriver, il doit toujours passer par le processus de la méthode scientifique et procéder par étapes. Cette façon de fonder toutes les théories sur l'expérience est connue sous le nom de méthode empirique. C'est la démarche empruntée par la science depuis plusieurs générations.

Comment peut-on cependant introduire l'intuition et la compréhension dans ce processus? C'est ce que nous verrons dans le présent chapitre qui comprend quatre parties: le module 13 décrit le rôle de la *conscience* comme base des connaissances dans la recherche scientifique; le module 14 démontre comment notre attitude dualiste a créé en recherche un mode d'analyse qui a tendance à séparer les connaissances plutôt qu'à les intégrer; le module 15 aidera à comprendre, à partir de la notion de polarité, comment on peut intuitivement résoudre les dilemmes pour lesquels la méthode scientifique se révèle inefficace. Au module 16, nous présenterons, dans le sillage de cette perspective, la méthode scientifique sous la forme d'un processus défini par des étapes successives:

- exposition du problème, questionnement sur un phénomène;

- formulation d'hypothèses ou spéculation sur le fonctionnement du phénomène;

- illustration d'expériences possibles pour la mise à l'épreuve par un contrôle;

- interprétation des résultats et conclusion.

Ces étapes indépendantes et interdépendantes se combinent pour accomplir ce que le système de la recherche veut connaître par l'intuition créatrice du chercheur. Le rôle de l'approche holistique en recherche est justement de réunir de façon ordonnée la démarche systématique, qui est une caractéristique importante de la méthode scientifique et de l'innovation créatrice.

Module 13
Les bases de la connaissance scientifique

Plusieurs chercheurs qui ont marqué l'histoire de la science ont tenté de mieux définir le concept de l'intuition créative en relation avec la conscience. Différentes expressions ont été alors utilisées pour comparer ce concept à d'autres réalités comme l'éveil de l'esprit, la perception raffinée, la cognition subjective, l'état de conscience supérieur, l'expérience momentanée, le bond de l'esprit, l'état d'éveil, etc.[1,2,3,4,5,6,7,8,9] L'important, dans toutes ces expressions, c'est l'idée d'une perception plus totale permettant de comprendre le sens de la réalité de la vie. Dans ce module, nous tenterons, en nous inspirant de quelques auteurs, de montrer le contexte dans lequel le contenu scientifique devrait évoluer. Car pour bien concevoir la démarche scientifique, il est indispensable de bien percevoir ses fondements.

La science est fondée sur la connaissance ainsi que sur toutes sortes de connaissances. Il n'y a donc pas de raison de penser a priori que la science de la conscience n'entre pas dans le domaine de la recherche. Actuellement, un nombre grandissant de scientifiques de toutes les disciplines s'intéressent aux phénomènes de la conscience, c'est-à-dire à la nécessité d'introduire les états de conscience dans les étapes du processus de recherche.

La science de la conscience sera vraisemblablement multidisciplinaire et pourra aider les scientifiques à réaliser les objectifs fondamentaux de la science, comme l'intégration des connaissances, une perception mieux éclairée de la situation de recherche par la création et la découverte de nouvelles approches pour régler de vieux problèmes en santé (par la méthode holistique), sur le plan social (par la répartition des richesses), en éducation (par l'intégration des programmes), en milieu de travail (par une meilleure répartition des tâches). Cette science propose des solutions de remplacement dans tous les domaines, par exemple en médecine, en éducation, en sciences physiques, etc.

Selon Kleitman[10], une prise de conscience plus totale passe par trois étapes:

- évaluer de façon sensorielle et subjective;

- critiquer, agir de façon objective; et

- intégrer les connaissances dans un tout à partir d'expériences éducatives.

Au cours de l'histoire, le savoir humain a pris différentes formes. Chez les Grecs, la religion, la philosophie et la science formaient un tout inséparable. Aujourd'hui, la connaissance est souvent présentée de façon parcellaire sous forme d'activités, de disciplines, de sous-disciplines: économie, politique, sociologie, mathématiques, physique, biologie, psychologie, etc. Le but de la science n'a-t-il pas cependant toujours été le même, à savoir comprendre la nature de l'existence des choses? Pour trouver une réponse à la raison d'être de la science, on peut passer sa vie entière à étudier un domaine en général ou une discipline en particulier; cette quête du savoir nous informe sur la nature de l'existence humaine et nous aide à comprendre le monde et le sens de ses lois. Toutefois, est-il possible de trouver une réponse unique à toutes les questions? Est-il possible de se donner un moyen d'acquérir une vision d'ensemble qui nous aiderait à agencer nos actions dans un travail unique? Nous pouvons essayer de répondre indirectement à ces deux questions par d'autres, plus ouvertes, par exemple: Quelle est la base des connaissances scientifiques? Comment arrive-t-on à connaître? Cette dernière question sera clarifiée en partie dans le module 14.

Dans toutes les disciplines ou dans un seul domaine de recherche, même si nous utilisons divers outils ou techniques, un fait constant demeure: chaque recherche de connaissance se fait par l'intermédiaire de la conscience. L'importance de la conscience en tant que base de la science, de la connaissance, est un fait sans équivoque. Si cet élément est si important dans le domaine de l'éducation et de la recherche de la connaissance, pourquoi hésitons-nous à en parler et à intégrer cette réalité au discours de la science? Jamais il n'a été aussi évident que la solution aux problèmes actuels réside dans une meilleure prise de conscience, dans une conscience plus totale des réalités humaines. Toutefois, on peut légitimement se demander: Comment étudier de vieux problèmes avec de nouvelles approches?

Aujourd'hui, nous commençons à comprendre l'importance de développer la conscience en même temps que la connaissance rationnelle. C'est peut-être ce qui nous permettrait d'éviter certains problèmes majeurs dont souffre l'humanité, par exemple la surpopulation, la pollution, la pauvreté, la guerre froide[11], maux que la pensée rationnelle n'a pu empêcher de se produire. Nous avons trop souvent cru en recherche que la maîtrise et la domination de l'environnement étaient équivalentes. Rappelons de nouveau que *maîtrise*, en recherche de connaissance, peut vouloir dire *compréhension du monde et de ses lois* sans pour autant parler de domination. La conception dualiste de la conscience et de la pensée rationnelle ainsi que de l'humain et des lois de la nature provient vraisemblablement de la vision cartésienne d'un héritage culturel qu'il nous faut adapter aux nouvelles visions, aux nouveaux paradigmes et aux nouvelles théories scientifiques[12].

Cette conception périmée de la science nous empêche d'accéder à une plus grande perception des choses. Nous croyons que le domaine de la conscience, de la pensée, donc du holisme des actions humaines, ne se sépare pas d'une démarche scientifique de recherche. Les connaissances rationnelles demeureraient au contraire inutilisables si elles n'étaient supportées, complétées par une prise de conscience plus totale et plus dynamique du problème de recherche. Plusieurs chercheurs ont apporté leur contribution à la science de la conscience comme base de la connaissance scientifique. Les plus connus, entre autres, sont Markley[13], Capra[14], Pelletier[15], Ferguson[16], Fischer[17], Jaspers[18]. Soulignons, au passage, qu'un rapport intitulé *Science et conscience* a été publié à la suite d'un colloque tenu en 1979, à Cordoue[19].

Il faut néanmoins se méfier: on entend souvent l'expression «le tout est plus que la somme des parties» ou les mots «gestalt» et «holistique», car ils sont souvent employés abusivement. Le holisme devrait être utilisé pour des questions que l'on ne peut pas encore expliquer. Ainsi, par exemple, voici deux séries de questions: 1) Comment une personnalité est-elle plus que la somme des traits d'une personne? Qu'est-ce qui fait qu'une peinture est plus importante que la somme des lignes et traits qui la composent? 2) Pourquoi un chercheur est-il plus que la somme des connaissances qui le composent? Comment un mur est-il plus que la somme des briques qui le composent?

Si l'on considère ces deux séries de questions, on constate que la première est subjective et la deuxième, objective. Pourquoi les deux premières questions sont-elles subjectives? Parce que nous n'avons pas trouvé de façon d'y répondre encore. Pourquoi les deux dernières questions sont-elles objectives? Parce que nous avons de bonnes raisons d'y répondre. Les deux premières questions sont du domaine des idées internes et les deux dernières du domaine externe, behavioriste. En somme, les questions subjectives sont basées sur l'interaction des choses; elles sont toutefois du domaine du *monde interne*, monde que l'on ne peut pas connaître, mais que l'on peut voir par une conscience plus totale. Le style, les traits de la personnalité et l'art sont entièrement techniques et questionnent notre esprit, le monde invisible.

Tout compte fait, pour bien concevoir la méthode scientifique, il faut la percevoir adéquatement; le changement de paradigme ne s'effectue pas au niveau des valeurs ni des conceptions, mais au niveau des perceptions, des sens internes et externes d'une personne. Jusqu'à présent, la science a toujours essayé de comprendre la nature des choses en les morcelant. L'évidence même nous démontre que la totalité ne peut jamais être comprise par le processus de l'analyse, mais bien par une conscience plus totale des choses, et cela est possible par une meilleure participation au changement. La figure 3 du module 9 (troisième chapitre), présente quatre étapes ou, si l'on veut, quatre ensembles d'attitudes progressives pour arriver à une perception plus totale de la réalité: la motivation, l'information, la participation et la libération des vieilles habitudes. Le lecteur peut se référer de nouveau à cette grille pour comprendre les prises de conscience conduisant au changement de paradigme que nous avons définies à l'aide de divers auteurs comme une attitude, une prédisposition au changement.

Module 14
Les niveaux de la connaissance scientifique

La recherche, dans plusieurs disciplines, est depuis toujours entourée d'un certain mystère, d'une certaine connotation de supériorité parce qu'elle est perçue comme réservée aux *scientifiques* — au sens classique du terme —, tant par certains chercheurs que par le public moyennement scolarisé. Par ailleurs, on croit qu'il y a plusieurs types de sciences et méthodes scientifiques. Personnellement, nous sommes d'avis qu'il y a une seule science, la science de l'univers, représentée par différents *niveaux de connaissance*, et la méthode scientifique permet de vérifier empiriquement ce qui est affirmé *a priori* à partir de données sensées, vraisemblables. Autrement dit, le chercheur arrive à des faits par une démarche rationnelle et systématique. Voilà pourquoi on dit que l'expérience devient le test ultime de l'idée scientifique[1]. Toutefois, la méthode scientifique ne suffit pas à elle seule à créer un monde de connaissance; elle a besoin de l'imagination et de l'intuition créatrice du chercheur comme source d'inspiration pour l'interprétation intelligente et compréhensive des faits. *C'est le style du chercheur et l'état des connaissances dans les différents domaines* qui font la différence et qui créent les niveaux de connaissance. Le présent module se propose de démontrer en partie que ce tabou repose sur une compréhension périmée de la notion de la science et de la méthode scientifique[2].

Nous savons présentement, jusqu'à preuve du contraire, que le cerveau humain est composé de types de fonctions distinctes et complémentaires. Dans la plupart des cas, lorsqu'une personne se retrouve en situation d'apprentissage ou devant un problème à résoudre, l'une de ses fonctions cérébrales est dominante en dépit de son style d'apprentissage. Dans le cas d'un problème requérant une approche analytique, l'hémisphère gauche tend à dominer, tandis que si l'approche est globale, synthétique, holistique, l'hémisphère droit sera plus actif[3,4,5,6].

Le style d'apprentissage nous informe sur la façon dont une personne connaît et aime résoudre les problèmes existentiels de la vie quotidienne. L'approche holistique, en matière d'apprentissage, présuppose que l'on se concentre davantage sur les processus — le *comment* —, plutôt que sur la structure — le *quoi* —, et que l'on utilise toutes les pièces d'un *pattern* pour situer le problème dans un contexte écologique plutôt que d'adopter une démarche exclusivement objective où le contenu, le *quoi*, domine en maître.

Dans le cas d'une démarche axée fondamentalement sur le paradigme cartésien, le style concerne seulement la dimension cognitive, tandis que selon l'approche holistique, la notion de style couvre la totalité de la personne et englobe les deux hémisphères cérébraux. Le style relève donc des dimensions cognitive, affective et physiologique. La dimension cognitive est relative aux capacités intellectuelles et au traitement de l'information. La dimension affective concerne la personnalité en relation avec les types de motivation, les émotions et les valeurs. Finalement, la dimension physiologique porte sur le monde physique en relation avec les sens, la perception, la culture, les habitudes et l'environnement.

Nos sens sont constamment bombardés d'informations. Selon la théorie holographique, notre cerveau ne reçoit pas ces informations localement; elles sont distribuées sur toute l'étendue de notre champ perceptif[7]. En somme, nous percevons des touts qui s'imbriquent les uns dans les autres. Ce qui veut dire que nous percevons des structures, des processus vibratoires que notre cerveau analyse, synthétise et intègre selon des formes définies des niveaux de connaissance. C'est pourquoi il semble plus intéressant de parler d'une méthode scientifique et de différents niveaux de connaissance des états de conscience.

La figure 6 illustre la perception que nous avons de la science à partir de nos attitudes dualistes plus ou moins marquées et de la hiérarchisation des valeurs que nous accordons aux connaissances rationnelles et relatives des choses. C'est pourquoi nous avons tendance à séparer les sciences (qualitatives et quantitatives) selon notre vision du monde, notre formation, notre culture et notre style d'apprentissage. Cette dichotomie est mise en évidence par des mots utilisés pour caractériser les différences de hiérarchie retrouvées un peu partout dans les écrits scientifiques de certaines disciplines à caractère plus ou moins «orthodoxe» ou, si l'on veut, plus ou moins monolithique.

Figure 6

Profil dichotomique
des connaissances en recherche

Sciences de la nature en général	Sciences de l'homme en général
Quantitatif	Qualitatif
Analytique	Descriptif
Objectif	Subjectif
Contrôlable	Incontrôlable
Intéressant	Ennuyeux
Spécifique	Encyclopédique
Exact	Inexact
Dichotomique	Unifié
Hypothétique	Spéculatif
Précis	Imprécis
Empirique	Idéaliste

Nous savons que l'expérimentation au sens strict, la manipulation, a toujours été associée aux sciences. Par conséquent, notre perception de l'expérimentation est largement associée au monde de la physique, de la chimie et des sciences fondamentales. Mais il y a de multiples façons de considérer l'expérimentation. Elle peut être, d'une part, contrôlée ou incontrôlée et, d'autre part, nous pouvons lui trouver différentes solutions de remplacement, soit naturelles ou artificielles. Pour l'expérimentation naturelle, le qualitatif domine, tandis que pour l'expérimentation artificielle, c'est le quantitatif. Dans les deux cas, la notion de contrôle n'a pas le même sens: elle implique un modèle de recherche, ce qui signifie que les observations sont planifiées, réglées et effectuées avec toutes les contraintes nécessaires, selon la qualité des instruments.

Le langage que nous utilisons pour observer la réalité est limitatif et permet de définir des connaissances relatives, c'est-à-dire en relation avec d'autres connaissances. C'est l'intuition créatrice du chercheur qui donne un sens aux connaissances rationnelles en les rendant utilisables sur le plan humain. Un choix s'impose cependant, selon les circonstances, car on ne peut pas tout considérer. Il faut réduire afin de mieux appréhender et connaître les choses essentielles: c'est ce qui distingue un chercheur averti d'un chercheur inexpérimenté. C'est là que le plan de recherche intervient, avec ses compromis, ses définitions opérationnelles et l'intuition créatrice du chercheur qui va unir ce qui semble séparé et isolé.

Le modèle du plan opérationnel en vue de la vérification doit être présent dans tous les types de recherche, peu importe la façon de nommer ces types: contrôlée/incontrôlée, objective/subjective, qualitative/quantitative. Il ne s'agit pas d'être un scientifique ou non, mais bien de bon ou de mauvais modèle ou, si l'on préfère, de modèle performant ou inefficace. Un modèle est efficace s'il répond aux objectifs et il est performant s'il contient la procédure appropriée à la circonstance de recherche, avec des activités adaptées permettant de terminer chaque étape. L'évaluation de l'efficacité d'un modèle se fait par rapport au but de la recherche et non à partir de conditions générales, alors que l'évaluation de la performance d'un modèle se fait à partir de l'agencement en regard des activités reliées à la dépendance et à l'interdépendance entre les étapes.

Connaître le pourquoi d'une activité est une chose, mais savoir comment l'insérer adéquatement dans un grand tout en est une autre. Chaque activité doit contribuer à faire progresser la recherche vers un résultat anticipé ou si l'on veut vers des résultats visés par les objectifs: vers un niveau de connaissance vérifiable empiriquement. Le degré d'adéquation concerne tous les facteurs combinés, tous étant associés pour développer un modèle adapté à la problématique à l'étude. La vérification d'une solution n'est jamais définitive, même avec un modèle hautement performant et efficace. Une hypothèse de solution pour un problème donné peut être vérifiée à partir de différents modèles ou modes de recherche. Un modèle est une abstraction de la réalité ou, si l'on veut, l'expression d'un système. De plus, il doit être pratique, simple et comprendre une série de points spécifiques pour garder la bonne direction. C'est pourquoi nous pensons qu'il y a une méthode scientifique et qu'elle est influencée par le style du chercheur, la discipline et le problème analysé. Le modèle est le produit concret qui caractérise le style du chercheur et détermine le niveau de la connaissance; c'est ce qui fait l'édifice de la Science.

Dans la plupart des recherches empiriques, c'est l'hypothèse qui guide la recherche pour les observations et les expériences. L'hypothèse peut être vérifiée à partir de différents modes ou types de recherche; cependant, telle qu'on la définit en recherche classique, elle semble limitée exclusivement à la vérification. Nous avons vu antérieurement que c'était une façon incomplète de considérer le rôle de la pensée hypothétique. Elle peut être ce vers quoi on se dirige, une idée lumineuse, un guide de recherche-action. Il importe de saisir, dans cette discussion, l'organisation d'un plan de recherche adapté aux circonstances, d'où émergera une meilleure compréhension de la méthode scientifique à partir d'une vision holistique de la réalité.

L'expérimentation artificielle exige la connaissance des règles du jeu. Ainsi, nous choisissons au départ tout le matériel, nous connaissons les conditions de l'expérimentation, puis nous observons le processus en action ou les résultats finals. C'est une manière d'arriver à un certain niveau de la connaissance formelle.

L'expérimentation naturelle, par contre, est entreprise à partir de plusieurs restrictions concernant le contrôle au sens traditionnel et possède, au départ, des informations limitées en ce qui a trait au matériel de mesure. En sciences de l'éducation, nous sommes davantage familiarisés avec cette approche, nous avons l'habitude de composer avec des situations plus complexes que celles de l'expérimentation dite artificielle. Il est plus difficile de s'adapter dans ces circonstances que dans le cas des schèmes classiques conventionnels. Dans les deux situations — soit celle de l'expérimentation artificielle ou celle de l'expérimentation naturelle —, il y a toujours les mêmes obligations, c'est-à-dire qu'il faut toujours choisir les bons paramètres pour contrôler et évaluer. Et les paramètres de réussite sont assurés par le type de recherche et par son modèle. Un type de recherche peut engendrer un type particulier de connaissance compte tenu de la qualité du plan de contrôle. Et un plan est de qualité lorsqu'il a été préparé avec intérêt et motivation, ce qui suppose une participation à tous les niveaux de la recherche.

En sciences de l'éducation, nous optons souvent pour l'expérimentation naturelle ou écologique et nous devons composer avec des situations variées. Tous les chercheurs sérieux savent qu'il est impossible de tout contrôler; il faut faire des choix et cela est vrai tant pour l'expérimentation artificielle que pour l'expérimentation naturelle. Voilà pourquoi nous parlons d'observation participante, de limitation et de délimitation de la recherche. L'ennui, ce n'est pas qu'il y ait des restrictions volontaires ou involontaires, mais plutôt de ne pas prendre conscience que c'est comme ça!

La différence entre un bon architecte et un mauvais, tout comme entre un bon mathématicien et un mauvais, réside précisément dans cette capacité de choisir entre les données importantes et les données négligeables en se fondant sur la qualité. Cela s'appelle «être dans le coup», lorsqu'on bâtit un modèle de recherche. La méthode scientifique traditionnelle n'a rien à voir avec cette capacité de faire, de composer avec la qualité. Il est grand temps de se pencher sur cette représentation qualitative des faits systématiquement dédaignés par ceux-là même qui attachent toute l'importance aux faits après observation. Le résultat de la recherche ne peut pas être plus significatif que les éléments qui la composent. En d'autres termes, la chaîne est de valeur égale au maillon.

Nous rejetons l'idée voulant qu'il y ait différents types de sciences et plusieurs méthodes scientifiques. Nous préférons dire qu'il y a des personnalités différentes avec différentes autonomies de penser et que chaque discipline développe, avec le temps, des niveaux de connaissance. Tout cela donne un style particulier à la méthode scientifique et dépend du chercheur et du type de recherche. Ce qui importe, lorsque l'on parle de méthodes scientifiques, ce n'est pas le nombre d'étapes ni le type de recherche, mais bien les relations, le processus entre les étapes et les faits qui sont liés aux événements pour en arriver à une production appréciable. Nous ne devons jamais oublier, en effet, que la connaissance rationnelle est basée sur la connaissance relative des choses. Autrement dit, c'est une connaissance qui dépend d'une autre connaissance et de soi-même. C'est ainsi que nous «connaissons»: c'est le *comment*. On peut se demander dans quelle position se retrouve un chercheur pour interpréter les résultats de sa recherche, s'il ne se connaît pas lui-même ni les valeurs qui peuvent biaiser les résultats.

Les phénomènes ne sont étudiés qu'en fonction de l'interaction entre les choses, entre le processus de préparation et celui de la mesure en physique moderne[8]. Et l'observation humaine est toujours le premier et le dernier maillon de la chaîne des processus. On peut dire que c'est la science qui mesure, quantifie, classe et analyse, mais sans intuition créatrice, les différents niveaux de connaissance demeurent insensés parce qu'on ne peut les saisir. Les limites des connaissances obtenues par cette méthode sont évidentes, car notre façon de nous représenter la réalité est beaucoup plus facile à concevoir que la réalité elle-même. C'est pour cette raison qu'il est plus opportun de parler de niveau de connaissance ou de niveau de représentation de la réalité, et non de connaissance absolue au sens classique du terme.

Module 15
Les dilemmes de la méthode scientifique

La recherche scientifique devrait pouvoir intégrer, polariser le processus de l'intuition et de la compréhension avec la structure de la démarche rationnelle. En somme, nous cherchons à connaître afin de prévoir avec le plus de certitude possible les événements futurs et, pour cela, il nous faut comprendre la structure des phénomènes de même que le processus qui les maintient ensemble[1]. La méthode scientifique devrait pouvoir s'adapter aux nouvelles réalités, aux nouveaux paradigmes scientifiques et à la vision relativiste des choses. Comment donc réaliser un travail de recherche dans une perspective holistique et réductionniste tout en suivant les étapes de la méthode scientifique? Comment être plus conscient de la nécessité d'aborder de vieux problèmes avec de nouvelles valeurs, des façons de penser différentes? Comment être mieux informé des valeurs qui risquent de biaiser les résultats de la recherche? Les deux premiers modules de ce chapitre ont abordé ces deux dernières questions à savoir: la nécessité d'une prise de conscience et la nécessité d'admettre les niveaux de connaissance.

Le présent module tentera de démontrer comment cette vision dichotomique entre l'intuition et la pensée rationnelle risque de conduire vers un blocage sans solution celui qui pense que le travail du chercheur se limite exclusivement à la pensée rationnelle. Il a pour objectif de nous faire prendre conscience que le chercheur doit résoudre un problème, donc trouver une solution vraisemblable, en harmonie avec les divers besoins de la collectivité, des personnes et des différents domaines. On n'y arrive pas en divisant les choses, mais en essayant de considérer l'ensemble, et en établissant un processus interactif entre les différents agents de changement.

Pour faire comprendre cette idée fondamentale de dilemme de valeur, qui est à la base de tout travail intellectuel, nous aborderons la présente discussion à partir de ces deux notions opposées que sont la polarité et la dichotomie. Et la clé pour résoudre les dilemmes de valeurs ou, si l'on veut, pour réunir les choses en apparence opposées, c'est une attitude positive face au blocage. C'est à ce niveau que se situe la qualité en recherche.

Les dilemmes et la recherche

Un chercheur doit aussi résoudre des dilemmes. La figure 3 en présente quelques-uns. Prenons, par exemple, le pôle théorie-pratique. La fonction théorique concerne l'importance de la recherche, sa valeur sur le plan des connaissances nouvelles et des concepts, sa contribution au besoin de connaître, etc. La fonction pratique, quant à elle, porte sur les choses à brève échéance, plus urgentes, et elle touche des besoins plus concrets pour la collectivité. Si une attention trop grande est accordée à la fonction théorique, on risque de déboucher sur l'incompréhension et sur l'abstraction qui n'ont aucune relation avec le monde réel. Toutefois, si une trop grande importance est accordée à la fonction pratique, on risque de travailler à des innovations et à des adaptations qui deviennent par la suite difficiles à interpréter au point de vue des connaissances parce qu'elles sont sans fondement théorique. Une recherche sans modèle théorique, sans cadre, peut être une série d'actions sans fondement qui risquent de ressembler davantage à de l'agitation intellectuelle, à de l'animation sans structure, à une tempête d'idées, à des actions désordonnées. Le problème le plus important est d'équilibrer les pôles sujet-objet par une structure de pensée davantage ancrée en soi-même[2].

En plus de la relation entre la théorie et la pratique, le chercheur doit composer avec plusieurs autres dilemmes: qualitatif/quantitatif, processus/structure, contrôle/non-contrôle, observation/participation, etc. C'est pourquoi un travail de recherche est si épuisant. Plus le dilemme est important, plus le temps requis pour y faire face est grand et requiert davantage d'énergie à tous les niveaux. Lorsqu'on parle de travail, on pense à quelque chose de difficile, même si l'on trouve un certain plaisir à relever des défis d'ordre intellectuel. La racine latine du mot travail, *trepalium*, signifie instrument de torture. Le travail de recherche est difficile non seulement à cause de l'effort physique qu'il requiert, mais aussi à cause des décisions à prendre, des dilemmes à surmonter et des choix à faire. Si l'on ne perçoit pas de dilemme, c'est qu'on n'a pas su faire ressortir les différences et, sans dilemme, il n'y a pas de travail intellectuel véritable. On peut considérer alors qu'il y a des activités de recherche, mais pas de travail de recherche au sens holistique du terme. Il existe une différence entre un travail holistique et une activité de recherche: on peut faire une activité sans trop se questionner sur le «pourquoi» et le «comment», tandis qu'un travail est composé de plusieurs activités ordonnées et exige en plus une certaine discrétion, des choix en matière d'exécution et des changements d'attitude. Connaître le pourquoi d'une action est une chose; mais savoir la situer dans un grand ensemble est une partie intégrante de la notion du travail véritable[3]. La liberté de choisir en se basant sur la qualité des relations entre les étapes va de pair avec les limites des connaissances rationnelles et l'intuition créatrice: c'est ce que nous appelons la pensée fondamentale en recherche[4,5]. C'est ce que nous tenterons d'expliquer par les notions de dichotomie et de polarité.

La dichotomie et la polarité

Quelle est la différence entre dichotomie et polarité? Nous avons vu, dans le module précédent, comment certains chercheurs et une majorité de la population moyennement scolarisée perçoivent la recherche, divisent les connaissances en bonnes et mauvaises. D'autre part, nous avons fait ressortir le principe voulant qu'il y ait non seulement une science, mais encore différents niveaux de connaissance, et cela selon le degré d'abstraction et selon notre capacité de percevoir le monde de façon subjective et objective. Un des grands problèmes actuels, en recherche, est la dichotomie que l'on établit entre la recherche qualitative et la recherche quantitative.

La dichotomie divise le monde en ceci et cela, en bon et mauvais, en mesurable et non-mesurable. La polarité fusionne les choses et les situe dans un grand tout. Certaines personnes, très dogmatiques, persistent à percevoir le monde comme bon ou mauvais, blanc ou noir. Il y a de multiples nuances entre ces extrémités, tout comme il existe des différences entre les personnes, la collectivité et les objets dans la nature. Cet héritage culturel associé aux croyances et au monde cartésien ne représente pas la totalité de la réalité naturelle des choses et c'est ce qui différencie nos systèmes de pensée des systèmes mystiques de l'Asie.

La fameuse illustration du vase et des deux profils humains (figure 7) utilisée par la psychologie gestaltiste nous aide à comprendre la situation ambiguë qui est la nôtre, lorsque nous nous retrouvons en présence de deux façons distinctes de percevoir la même réalité.

Figure 7

Illustration des connaissances relatives en recherche

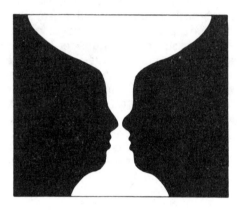

Cette illustration nous montre comment le même phénomène peut être interprété de deux façons distinctes: la figure nous montre un vase et deux profils humains. Les deux sont réels. Nous ne pouvons pas dire que c'est le vase qui représente la vérité à percevoir, comme nous ne pouvons pas choisir les deux profils. Lorsque l'on choisit le vase, on ne choisit pas les deux profils et vice versa. Nous ne pouvons pas non plus, selon la logique traditionnelle, faire des compromis en coupant la figure en deux parties, car le vase disparaît et les profils également. Le contexte n'est plus le même. Finalement, on peut, de façon très logique, découper le contour du vase et on se retrouve alors avec deux entités différentes: la situation et le contexte ne sont plus les mêmes. Nous avons perdu le tout, l'ensemble, la «gestalt» de la réalité présente.

La pensée fondamentale en recherche

Voyons maintenant comment, en recherche, nous pouvons nous retrouver dans un dilemme semblable. Par analogie avec la figure 7, la recherche peut être interprétée de deux façons également acceptables, comme une structure quantitative ou comme un processus qualitatif. Pendant que l'on nomme, précise, divise et quantifie, on perd la dynamique, la synergie et souvent le sens de la question posée, car certains éléments ne peuvent se détacher du tout sans changer la valeur et le sens du phénomène. Les éléments, dans les deux interprétations, sont les mêmes: si l'on considère seulement la structure, le processus n'apparaît pas; si l'on ne considère que le processus, la structure disparaît. Cela ne veut pas dire que l'on ne peut pas réconcilier deux aspects opposés de la réalité.

L'unification des aspects souvent opposés et contradictoires de la Nature est souvent mise en évidence par la physique moderne. Ce phénomène a fait l'objet d'un vaste débat en physique subatomique et a donné naissance au dilemme posé par la théorie de la relativité et celle des quanta. Il y a seulement 100 ans, la nature profonde de la matière n'était pas encore dévoilée. C'est l'avènement de la mécanique quantique, dans les années 30, qui a complètement transformé notre conception de la nature. L'une des innovations qui a marqué la physique moderne fut sans doute la réconciliation des notions d'onde et de particule. La théorie de la relativité formulée par Einstein en 1905 a également entraîné une unification importante de l'espace et du temps.

Ainsi, dans notre vie quotidienne, deux événements peuvent nous paraître séparés par des intervalles de temps et d'espace définis. Si un objet se déplace à une vitesse voisine de celle de la lumière, l'espace et le temps sont relatifs et les deux événements deviennent plus rapprochés dans l'espace. La contraction de l'espace et du temps est causée par le temps que met la lumière pour se déplacer d'un événement à un observateur en mouvement. L'espace et le temps, de même que la particule et l'onde, paraissent fondamentalement différents à la conscience humaine habituelle et ne sont, dans la conscience du physicien moderne, que deux aspects d'une même réalité.

Malgré la brièveté de ces deux exemples, nous pouvons comprendre l'importance du dilemme dans le cadre d'une pensée plus fondamentale. Un chercheur procède de façon dichotomique en pensant à ces deux réalités séparément. Ce même chercheur procède par polarité lorsqu'il pense de façon holistique, de façon plus fondamentale avec lui-même, avec toute sa perception et son intuition créatrice. Lorsque l'on pense à un travail de recherche, on part de l'idée qu'un chercheur doit résoudre un problème. Mais, à vrai dire, clarifier un problème et proposer une solution, ce n'est pas tout. Le chercheur est aussi préoccupé par les dilemmes de valeur lorsqu'il recherche la qualité.

La recherche de la qualité

Nous croyons que l'erreur la plus notoire à la source de la division entre la recherche qualitative et la recherche quantitative se trouve dans les blocages cognitif, affectif et physiologique: c'est notre entêtement à vouloir atteindre l'objectivité à tout prix. On se dit que pour que la science véritable puisse progresser, il faut dissocier rigoureusement l'objet du sujet. Vous êtes chercheur, vous ne pouvez vous séparer du phénomène que vous observez. Quand la rationalité divise les classes en ceci, en cela, en objet, en sujet, il est impossible de faire une recherche de qualité. S'il n'existe pas de moyens de reconnaître et d'évaluer la qualité, la recherche ne pourra plus progresser. Suivant la connaissance classique de l'ancien paradigme cartésien, tout se joue sur la méthode rationnelle. Mais de cette façon nous sommes soit dans le passé, soit dans le futur. La qualité délimite «ici et maintenant». Comment donc intégrer l'aptitude à la compréhension dans la méthode scientifique? En d'autres termes, comment polariser l'intuition et la compréhension? C'est là la plus grande question en recherche, le plus grand dilemme.

Les problèmes, difficiles à résoudre hier par l'approche cartésienne, semblent aujourd'hui insolubles: criminalité juvénile, déficit de la sécurité sociale, faim dans le monde, manque d'outils pour évaluer les programmes mondiaux d'aide à la pauvreté,etc.[6,7]. Faut-il remettre en question la méthode scientifique? Voyons d'abord comment on peut l'améliorer sur le plan qualitatif.

La solution pour intégrer les deux faces de l'univers, les différentes oppositions, (sujet-objet, intuition-compréhension), c'est la qualité, qui trouve ses racines dans l'enthousiasme au travail. Par conséquent, si l'on veut faire une recherche, il faut fonctionner sans peur des *blocages* et, s'il y en a, apprendre à les résoudre; car ces derniers sont des éléments déclencheurs qui conduisent à la solution du problème, à la bonne méthode. On doit savoir que la connaissance rationnelle est nécessaire, mais non suffisante, pour trouver et résoudre un problème. On doit s'intéresser à la qualité du travail entrepris. Et la qualité, c'est ce qu'une personne peut réaliser quand toutes les dimensions de son ÊTRE sont réunies: le corps, l'esprit et les valeurs éthiques ou morales. Comment rechercher cette qualité? En étant attentif à ce qui nous arrive.

Les sources des blocages

Comment savoir que nous nous éloignons de la qualité? Par le manque d'enthousiasme, le manque d'intérêt et l'ennui[8]. Il y a deux explications possibles pour ce qui est du manque d'enthousiasme en recherche. Il y a ce qui nous éloigne brutalement de la voie de la qualité à la suite de circonstances physiques *externes*. Il y a aussi les conséquences des dispositions internes qui agissent souvent en même temps que les circonstances extérieures: elles sont d'origine *interne* et se nomment anxiété, ennui et impatience.

L'*anxiété* est un peu l'inverse du narcissisme: c'est la peur de mal faire, d'oublier quelques éléments, c'est une méticulosité excessive, la sous-estimation de soi, la «trouille», etc. (voir à ce sujet les notes du chapitre 2).

L'*ennui* est un manque d'intérêt tout aussi redoutable. C'est le sous-stress qui s'installe à l'intérieur, le contraire de l'anxiété et le compagnon de l'égocentrisme. En somme, si on s'ennuie, c'est probablement parce qu'on a quitté la voie de la qualité. On a cessé d'être vigilant. Le moral des troupes baisse, on a perdu l'enthousiasme de la jeunesse, on n'a plus de coeur au travail. Au moindre signe d'ennui, on doit s'arrêter: c'est signe que le sous-stress s'est installé et que c'est le début d'un blocage. On doit faire quelque chose qu'on aime: cinéma, sports, lecture, etc., sinon c'est l'affrontement d'un blocage total. À ce sujet, il serait intéressant de consulter *Les pratiques évaluatives nous informent au sujet des approches psychotechniques*[9].

L'*impatience* est la cousine de l'ennui. Mais, attention! Elle naît toujours d'un mauvais calcul, d'un manque de planification. Le remède, quand les circonstances de la recherche nous contraignent à fixer des limites de temps, c'est de doubler systématiquement le temps de travail ou de diminuer l'échelle des tâches à accomplir. Autrement dit, les objectifs terminaux doivent être sous-évalués, ce qui implique une certaine souplesse, un certain réaménagement des limites. Il est toujours préférable d'avoir des objectifs globaux sous-évalués pour se laisser une certaine liberté dans ses tâches. Il y a des activités que nous pouvons faire sans réfléchir; il y en a d'autres que nous pouvons réévaluer, voire même éliminer quand nous nous sentons stressés, bousculés par les événements.

En conclusion, si le but de la recherche est intuition et compréhension, il est impossible de résoudre un problème de recherche en se fiant uniquement à la pensée logique. L'expérience scientifique est le test ultime de la validité de l'idée scientifique, la source d'inspiration pour les hypothèses; c'est une question d'intuition créatrice (Einstein[10], Bose[11], Selye[12], Kena[13]). Nous pensons, en accord avec ces chercheurs reconnus, que le manque d'imagination face au dilemme de valeur ressenti par le holiste et le réductionniste se traduit souvent par des blocages d'ordres affectif, cognitif et physiologique.

Doit-on fuir les blocages ou chercher à en prendre conscience par une pensée plus fondamentale? Il y a toute une différence entre diviser les choses pour connaître et les réunir pour connaître et voir. Il ne faut pas essayer de fuir le blocage en se fondant uniquement sur les schèmes de la raison traditionnelle, car le blocage est l'annonciateur de la solution, la clé de toute compréhension à la recherche de qualité.

Le module qui suit présente l'aspect technique de la méthode scientifique en quatre étapes. Nous essaierons de montrer comment on peut appliquer la méthode comme une structure et un processus sans sacrifier ni l'une ni l'autre.

Module 16
Les étapes du processus
de la méthode scientifique

Nous avons vu précédemment, au module 7, la *structure* d'un système holistique pour l'*évaluation formative du travail de recherche*. Ainsi, le superviseur et l'étudiant peuvent trouver des critères pour s'ajuster mutuellement à partir de six étapes au cours desquelles il s'agit de définir les éléments pour assurer un suivi catégoriel.

Dans ce module, nous traiterons des étapes de la méthode scientifique et non des étapes du travail, et nous insisterons sur la notion de processus. Le lecteur ne devrait pas s'étonner de trouver ici une certaine ressemblance avec le module 7, où il est question d'évaluation de la démarche du travail de recherche et de notion de structure. Le module 16 insiste davantage sur la notion de processus concernant l'application de la méthode scientifique; il s'agit de faire comprendre à l'étudiant que ce sont les interactions entre les étapes qui donnent toute la force à la méthode scientifique.

Il importe de prendre conscience du fait que la méthode scientifique est un processus d'analyse systématique composé de parties dépendantes et interdépendantes. Chaque partie, en plus d'être autonome, doit se relier aux autres.

Nous pouvons regrouper l'ensemble des éléments de la méthode à partir de quatre étapes qui sont, en somme, les étapes reconnues d'une démarche de recherche systématique:

1. formulation de questions au sujet d'un phénomène;

2. formulation d'hypothèses ou spéculation à propos du fonctionnement de ce phénomène;

3. projection d'expériences possibles pour éprouver les hypothèses de solution; et

4. interprétation et conclusion.

Pour chacune de ces étapes, nous définissons plusieurs critères et souscritères qui sont autant d'aspects à considérer dans le processus de la recherche. Les critères sont des signes, des mesures, des étalons permettant de distinguer une chose, et chaque genre de recherche possède ses critères, ses règles spécifiques pour appliquer la méthode scientifique selon des normes reconnues. Ainsi, par exemple, la notion de contrôle peut varier selon le type de recherche ou d'expérience. Il n'est pas possible, à ce stade, de formuler des règles absolues, car le type de recherche choisi doit s'adapter et s'intégrer de façon particulière à chacune de ces étapes. Voilà pourquoi il est important de se référer au type de recherche choisi, au problème à l'étude, au style du chercheur et aux connaissances déjà acquises dans la discipline. Ainsi, on n'aura pas les mêmes exigences de schèmes de travail pour une recherche expérimentale, une étude de cas ou une recherche historique parce que les orientations sont différentes. Cependant, la méthode scientifique est toujours la même; elle se développe en étapes systématiques.

Reprenons maintenant chacune des étapes avec ses objectifs et ses critères de contrôle.

Étape I: Formulation du problème sous forme de questions

Chacun sait qu'il est important de poser des questions pertinentes, de s'intéresser au problème, d'envisager cette première phase dans une perspective relativiste en intégrant la compréhension et la prévision dans sa démarche. Il importe de ne pas en dire plus que ce qu'on est absolument certain de savoir. Ce n'est pas un jeu irréfléchi, mais un questionnement qui doit reposer sur un besoin ressenti, une insatisfaction par rapport à un phénomène ou une difficulté qui attire notre attention.

Pourquoi telle difficulté? Ce n'est pas le moment de donner une direction au problème. Le but de cette première étape est de s'assurer qu'on ne s'imagine pas savoir ce qu'en fait on ignore. Négliger cette étape, c'est commencer la recherche du mauvais pied. Afin de guider le chercheur dans sa démarche, nous avons retenu quatre éléments essentiels pour la formulation de la question, pour l'ancrage de la problématique:

- préciser les objectifs;

- choisir un problème relatif à des besoins;

- recenser les écrits en rapport avec le problème; et

- situer le problème dans un domaine de recherche connu.

Ces quatre critères permettent de déterminer clairement le domaine, de situer le problème en rapport avec les écrits, de définir en termes clairs et spécifiques, en somme, de poser la ou les bonnes questions d'abord et non la bonne solution. La solution viendra plus tard de façon logique. En fait, la première partie du projet de recherche concerne davantage l'intuition que la logique formelle.

Préciser les objectifs   On peut définir un objectif comme un résultat que l'on se propose d'atteindre. Par exemple, il est indispensable, si la discipline est la pédagogie, que les objectifs formulés présentent un caractère pédagogique ou psychologique indiscutable. Et ceci s'applique, bien sûr, à tous les domaines pouvant faire l'objet d'une recherche. Nous conseillons au lecteur de revoir, à ce sujet, la notion de signification déjà précisée sur le plan de la dimension technique dans le deuxième chapitre.

Choisir un problème relatif à des besoins   La recherche doit permettre la résolution d'un problème pratique (urgent) ou théorique (important). Les organismes donnent priorité aux recherches dont les objectifs sont ancrés dans un système scientifique et les besoins pratiques. L'intérêt, l'aspect socio-économique, l'originalité et la théorie sont les critères de justification des besoins.

Recenser les écrits   Toute recherche bien amorcée commence par la consultation des principaux écrits publiés sur la question[1]. Il est indispensable de procéder à une revue critique de la documentation scientifique dans le domaine. Il est certain que délaisser cette étape serait s'engager à l'aveuglette dans son projet de recherche. Toute personne sérieuse doit entreprendre cette activité dès le départ.

Situer le problème dans un domaine de recherche   La relation avec les autres recherches joue un rôle important dans la validation d'une recherche individuelle et l'établissement des liens logiques et systématiques. Le fait qu'un travail se situe dans le prolongement d'une autre recherche est un critère favorable pour la pertinence du choix. La distillation du problème concerne son ancrage à un domaine de recherche connu. Cela est d'autant plus important lorsque la recherche que l'on veut entreprendre est qualitative ou qu'il s'agit d'une recherche-action. *Plus la question posée se rapproche d'un jugement de valeur, plus il est important de renforcer le contact avec la communauté scientifique* et de respecter ses exigences. Cela est particulièrement vrai pour les études où le chercheur risque de sacrifier sa recherche au profit d'une action sans structure.

Étape II: Formulation d'hypothèses de solution ou spéculation

C'est le moment «de brasser» toutes sortes d'idées, de mettre à l'essai diverses théories, des modèles, des systèmes qui pourraient nous aider à comprendre, à saisir le phénomène dans toute sa réalité. Tout cela se rattache à l'expression «hypothèse de solution», au sens général et au sens spécifique. Il est très important pour le lecteur de ne pas confondre cette étape avec la précédente. La première concerne la problématique et la justification des besoins au sujet d'une difficulté ressentie, alors que la deuxième porte sur la solution envisagée pour corriger la difficulté ou, si l'on veut, la ou les propositions.

L'usage de l'hypothèse est la principale différence entre l'approche scientifique moderne et le raisonnement inductif. Cette étape, que l'on appelle «hypothèse de solution», ne doit pas se faire à l'aveuglette. L'habileté consiste à imaginer des expériences probables. Il faut commencer par poser le problème des causes de façon très précise, car la solution doit être soumise au test de l'expérience empirique. Pour ce faire, il faut cerner l'ensemble du système auquel se rattache le problème. Dans le système de l'évaluation créative, la réalité scolaire est représentée par quatre volets interdépendants: intervention pédagogique, contexte, processus d'apprentissage et résultats[2]. Nous conseillons au lecteur de revoir la notion de processus abordée pour bien saisir l'idée de la notion systémique. Nous avons retenu trois objectifs essentiels pour rendre opérationnelle la solution proposée ou l'hypothèse de solution:

– clarifier les concepts;

– expliciter les hypothèses de solution; et

– spécifier les variables.

La clarification des concepts
Une définition claire du cadre conceptuel ou théorique est le premier critère pour valider la notion d'hypothèse de solution. L'hypothèse n'a pas de sens si elle n'est pas située dans un cadre de référence spécifique. Selon les types de recherche, les concepts doivent être définis par le chercheur de façon opérationnelle ou correspondre à un usage courant dans la discipline. À ce sujet, le lecteur doit se référer aux trois approches qui concernent la définition opérationnelle d'un concept, déjà exposées dans le sixième module.

L'explication des hypothèses
Toute recherche comporte une hypothèse de solution qui peut être explicite ou implicite dans sa phase initiale. C'est ce que l'on peut appeler le déploiement de l'hypothèse. Si elle n'est pas explicite, elle peut être implicite dans l'énoncé des objectifs. Lorsqu'on a précisé les objectifs de la recherche, il faut par la suite déployer le contenu, le matériel, les critères de contrôle, le calendrier, la procédure physique. Voilà le sens que nous donnons à l'explication de l'hypothèse.

La spécification des variables
Cet objectif concerne les critères que l'on utilise pour l'observation ou l'expérimentation. Selon le type de recherche, le type de relation, le chercheur devrait préciser comment les variables servent à mesurer l'événement, énoncer les critères et juger si la

variable atteint le but visé. Il s'agit de la validité de l'instrumentation. À ce sujet, nous avons déjà exposé cinq critères au module 6.

Étape III: Mise à l'épreuve des hypothèses de solution par le contrôle

La mise à l'épreuve par le contrôle de l'observation ou de l'expérience implique toutes sortes de modalités que nous précisons dans un plan opératoire selon le type de recherche et le type d'approche. L'habileté consiste ici à inventer des expériences ou des façons d'observer qui fournissent des éléments nécessaires et suffisants pour la vérification des hypothèses proposées. C'est en somme le contrôle de la solution proposée. Toutefois, attention! Le terme expérience peut être pris dans le sens d'observation participante, de contre-expérience, d'expériences parallèles. Le contrôle permet de vérifier si les observations ou l'expérimentation sont planifiées, réglées et effectuées en respectant les contraintes. Remarquons que les méthodes statistiques ne sont pas les seuls moyens d'effectuer un test de contrôle. Dans les expériences naturelles, le contrôle peut vouloir dire que l'on cherche des expériences de remplacement, des situations variées et des preuves pour confronter les faits. Le plan de recherche doit comporter des critères de contrôle explicités si l'on veut être en mesure d'évaluer la solution proposée. En somme, la mise à l'épreuve dépend du type de recherche; elle peut être spécifiée par les éléments suivants :

- la définition des variables;

- la construction d'un modèle de vérification à partir du type d'expertise choisi;

- l'organisation de la procédure de cueillette des données;

- la sélection d'une technique d'analyse; et

- la synthèse des résultats.

La définition des variables   Pour accéder au statut de variable au sens scientifique du terme, le concept doit être défini de façon opérationnelle, sinon on doit s'assurer que les vocables des variables désignent des objets assez concrets pour échapper à l'ambiguïté. À ce sujet, il faut se référer au processus de la définition opérationnelle des variables au module 6. À ce stade, le chercheur compétent inclut la nature des variables, les caractéristiques qu'il veut observer ou mesurer à partir d'un instrument spécifique reconnu.

La construction d'un modèle de vérification à partir du type de recherche choisi Le choix du type de recherche permet de construire le modèle de recherche approprié pour maximiser la validité interne et externe. Pour ce faire, nous retenons quatre éléments:

- la sélection des sujets de l'échantillonnage;

- le contrôle ou manipulation des variables;

- l'établissement des normes pour l'évaluation des résultats; et

- l'instrumentation: sélection ou développement des critères de mesure.

L'organisation de la procédure pour la cueillette des données Nous conseillons au lecteur de se référer au module 5 qui traite de la gestion de la recherche et de son importance. Deux critères sont nécessaires pour la gestion de la recherche à ce niveau:

- la cueillette des données; et

- le traitement des données.

La sélection des techniques pour l'analyse et la synthèse des résultats Pour ce qui est des recherches moins structurées, par exemple celles où on utilise les méthodes de cas ou celles qui incluent la participation du chercheur, c'est essentiellement l'importance des données rassemblées ou, si l'on veut, la valeur des analyses effectuées qui justifie la raison d'être de la recherche. Précisons que les recherches qualitatives ne visent pas le même type d'analyse que les recherches quantitatives. Ainsi, l'étude d'un document peut se faire par une analyse de contenu, et le contenu peut être analysé de façon quantitative par les statistiques, l'étude des fréquences, ou de façon qualitative, en se penchant sur la signification des mots et des concepts, et en formant des catégories, des hiérarchisations en accord avec le type de recherche.

Étape IV: Interprétation des résultats et conclusion

Lorsque nous arrivons aux conclusions, il faut faire preuve d'habileté, c'est-à-dire ne rien affirmer de plus que ce qui a été effectivement démontré par les expériences. On s'attendait à tels résultats (probables), mais on a trouvé tels autres résultats (effectifs). *Quelle est l'explication de l'écart entre les deux résultats?* Précisons que l'*interprétation, c'est le processus contraire de la formalisation.* La *formalisation* est le processus qui permet de passer de la théorie au modèle, tandis que l'*interprétation* est le processus qui consiste à remonter à la théorie, à partir du modèle et au moyen des explications.

L'interprétation intelligente et l'appréciation des résultats peuvent se faire à partir de cinq éléments:

- la généralisation;

- l'applicabilité;

- l'impact sur la science;

- l'impact sur les pratiques éducatives; et

- la contribution à l'avancement de la méthodologie.

L'interprétation des résultats implique toutes les conditions de l'approche holistique puisqu'il s'agit d'informer le public, de montrer comment la recherche a fait progresser l'avancement des connaissances dans un domaine analysé, dans une discipline donnée. L'une des conditions importantes de l'approche holistique est de montrer que le tout a un sens, et l'interprétation consiste à déterminer si le phénomène étudié par la recherche possède effectivement les caractéristiques que suppose son titre. C'est pourquoi une recherche expérimentale ne s'interprète pas de la même façon qu'une recherche historique ou descriptive. À ce sujet, nous conseillons au lecteur de se renseigner sur le processus de la recherche et sur ses exigences lorsqu'il s'agit de faire l'interprétation[3,4].

La recherche expérimentale doit s'interpréter en fonction de la prédiction, du *futur*; la recherche historique en fonction du *passé*; la recherche-action en fonction de l'*urgence*, des actions à poser à brève échéance ou même de la proposition d'innovations pour l'avenir. C'est au niveau de l'interprétation que la recherche prend un *sens* sur le plan de la connaissance et c'est à partir de là que *d'autres connaissances* viendront se greffer pour repérer un problème et continuer ainsi le processus de l'évolution, de l'évaluation et du développement des sciences. Réduire cette étape à une simple formalité dénote une fausse compréhension de la méthode scientifique et oblige les autres chercheurs à recommencer le travail sur le même sujet parce qu'ils ne disposent pas d'une base solide. On utilise la méthode scientifique pour connaître, et son processus comprend toute la chaîne d'interprétation du début jusqu'à la fin. Il s'agit de se demander si le titre de la recherche correspond bien à ce qui a été trouvé effectivement et de voir comment ces connaissances scientifiques s'insèrent dans le domaine analysé. On peut également voir comment la recherche améliore la qualité de l'existence humaine et en quoi elle rend service à la communauté.

Conclusion

Pour définir la méthodologie de la recherche d'une façon qui soit conciliable avec le discours de la philosophie de la science, nous nous sommes arrêtés à quatre niveaux opérationnels. Nous avons vu que ce n'est pas tout de connaître les étapes de la méthode scientifique; il faut aussi savoir sur quels fondements elle repose, comment les connaissances sont mises à jour, différenciées, classées, et quel est le rôle de la pensée fondamentale, de l'intuition créatrice en recherche.

Notre habitude de séparer les choses pour tenter de les connaître fait en sorte que nous avons tendance à créer un monde dichotomique, c'est-à-dire à le diviser en connaissances qualitatives et connaissances quantitatives au lieu de créer des niveaux de connaissances. Même si tous ces traits spécifiques caractérisent la connaissance rationnelle, nous ne devons pas agir machinalement et être bien conscients des limites de cette conduite relative. En somme, nous acceptons ce qui se mesure facilement et refusons de voir ce qui est plus difficile à mesurer. Au cours de ce chapitre, nous avons donc essayé d'adopter une attitude plus compréhensive envers la méthode scientifique tout en conceptualisant le sens de celle-ci.

Références

MODULE 13

1 BEGUN, A., *Pascal par lui-même*, Paris, Éditions du Seuil, 1951, p. 129.

2 FEYNMANN, R.P., *Space, Time and Beyond*, New-York, Bob, Token, 1975, p. 125.

3 EINSTEIN, A., *Space, Time and Beyond*, New-York, Bob Token, 1975, p. 126.

4 EINSTEIN, A. , *Comment je vois le monde*, Paris, Éditions Flammarion, 1975,

5 FEYNMANN, R. P., Space, *Time and Beyond*, New-York, Bob Token Dutton, 1975, p. 125.

6 LECOMTE DU NOUY, Pierre, *L'homme devant la science*, Paris, Éditions Flammarion, 1969, p. 57.

7 BOSE, C., cité dans *SCI for Secondary Education*, New-York, MIU Press, 1975, p. 81.

8 SELYE, Hans, *Stress sans détresse*, Montréal, Éditions La Presse, 1974, p. 115.

9 WEISSKOPF, V., *La physique du XXe siècle*, Paris, Éditions mondiales, 1974, pp. 374 et 387.

10   KLEITMAN, N., *Sleep and Wakefulness,* Chicago, University of Chicago Press, 1963, p. 37.

11   PECCEI, Aurélio, *Éduquer à la conscience planétaire,* Actes du congrès mondial des sciences de l'éducation de Trois-Rivières, Serge Fleury, Éditions agence d'Arc, 1981, 268 p.

12   WILBER, Ken, *The Holographic Paradigm and Other Paradox,* C.A., Shamboro, 1982, p. 12.

13   MARKLEY, O.W., *Human Consciousness in Transformation,* dans *Evolution and Consciousness,* Massachusets, Addison-Wesley, 1976, pp. 220-230.

14   CAPRA, Fritjof, *Le Tao de la physique,* Paris, Éditions Tchou, 1985, 315 p.

15   PELLETIER, Kenneth, *La Médecine holistique,* Montréal, Éditions du Rocher, 1982, p. 100.

16   FERGURSON, Marilyn, *Les enfants du verseau: pour un nouveau paradigme,* Paris, Éditions Calmann-Levy, 1981, 328 p.

17   FISCHER, R., *Science,* n° 174, 1971, p. 897.

18   JASPERS, K., dans *Science of Creative Intelligence for Secondary Education,* New-York, MIU Press, 1975, p. 192.

19   *Science et conscience. Les deux lectures de l'univers.* France-Culture, Colloque de Cordoue, Stock, 1980, 495 p.

MODULE 14

1   EINSTEIN, A., cité par M. A. Tannelat, dans *Histoire du principe de la relativité,* Paris, Flamarion, 1971, pp. 453-455.

2   ISAAC, Stephen et MICHAEL, William B., *Handbook in Research and Evaluation,* San Diego (California), Robert R. Knapp, 1972, 3ᵉ éd., 186 p.

3   SPERRY, R., *Lateral Specialization of Cerebral Functions in the Surgically Separated Hemispheres,* dans McGuigan, F.J., and Schonover R.A., The Psychophysiology of Thinking: Studies of Covert Processes, New-York, Academic Press, 1973, *Science,* 24 septembre 1982, p. 1623.

4   TAYLOR , Rattray, *Le Cerveau et ses mystères,* Paris, Calmann Lévy, 1981, pp. 20-80.

5   CHAUCHARD, P., *Le Cerveau et l'esprit ,* Paris, P.U.F., 1980, pp. 10-40.

6 TOURENNE, Christian, *Vers une science de la conscience,* France, Éditions L'âge de l'illumination, 1981, pp. 28-33.

7 WEIZENBAUM, Joseph, *Puissance de l'ordinateur et raison de l'homme,* Paris, Éditions de l'informatique, 1981, pp. 170-180.

8 CAPRA, Fritjof, *Le Tao de la physique,* Paris, Sand, 1985, Éd. Tchou, 1979, pp. 133-146.

MODULE 15

1 TOULMIN, Stephen, *Foresight an Understanding Inquiry into the Aims of Science,* New-York, Harper Torchbooks, 1973, pp. 12-32.

2 McCALL, R., *Phenomenological Psychology,* Medison, The University of Wisconsin Press, 1983, pp.104-106.

3 MINSKY, Marvin, *The Societ y of Mind,* New-York, Simon & Schuster, 1986, pp. 32-37 et 70-80.

4 PIRSING, Robert M. , *Traité du zen et de l'entretien des motocyclettes,* Paris, Éditions du Seuil, 1978, pp. 232-279.

5 BOHM, D. et HILEY, B., «On the Intuitive Understanding of Non Locality as Implied by Quantum Theory», *Foundations of Physics,* vol. V, 1975, p. 96-102.

6 MEADOWS, Donella H., *The Limits to Growth, a Report for the Club of Rom's,* Project on the Predicament of Mankind, New-York, University Book, 1972.

7 OUELLET, André, *L'Évaluation créative: une approche systémique des valeurs,* Québec, P.U.Q., 1983, pp. 17-77.

8 COLLINS, Mary Lynn, *The Effects of Training for Enthusiasm on the Enthusiasm Displayed by Preservice Elementary Teachers,* dissertation, Syracuse, Syracuse University, 1976, 132 p.

9 OUELLET, André, *L'Évaluation des apprentissages à la croisée des chemins: vers une évaluation créative, dans des pratiques évaluatives,* Victoriaville, Éditions NHP, 1984, pp. 25-85.

10 EINSTEIN, A., *Comment je vois le monde,* Paris, Flammarion, 1978, 218 p.

11 BOSE, C., *SCI For Secondary Education,* New-York, MIU Press 1975, p. 81.

12 SELYE, Hans, *Stress sans détresse,* Montréal, Éditions La Presse, 1974, p. 115.

13 KENA, Upanishad, *Albin,* 1972, vol. 2, n° 3, p. 121.

MODULE 16

1 OUELLET, André, *Processus de recherche: une approche systémique*, Québec, P.U.Q., 1981, pp. 95-111.

2 OUELLET, André, *L'Évaluation créative: une approche systémique des valeurs*, Québec, P.U.Q., 1983, pp. 79-141.

3 KEEVES, John, P., *Educational Research Methodology and Measurement: An International Handbook*, New-York, Ed. Pergamon Press, 1988, section 1.

4 CARDINET, Jean et SCHMUTZ, Madeleine, *Évaluation des recherches en péda-gogie*, Lausanne, Institut romand de recherches et de documentation péda-gogique, 1975, 43 p.

Le support informatique et le travail de recherche

Comment recourir à l'ordinateur sur le plan de la mesure en recherche?

O bjectifs

Dans la mesure où le chercheur en formation saura se servir de l'informatique comme moyen technique pour la recherche plutôt que comme une fin en soi, cette dernière deviendra un instrument de libération de la pensée instrumentale. Qui plus est, l'informatique devrait contribuer à favoriser, grâce au micro-ordinateur, la libération et le développement du potentiel du chercheur et lui permettre ainsi de consacrer davantage de temps et d'énergie à l'acquisition d'une meilleure conscience des choses qu'il cherche à connaître, sans devoir trop s'attarder aux questions de routine et à celles qui relèvent de la technique. Le micro-ordinateur, muni de logiciels et de didacticiels appropriés, offre de nouvelles possibilités au traitement de l'information[1,2]. Ces outils nouveaux peuvent donc aider à développer des instruments de mesure et d'évaluation à chacune des étapes du processus de recherche tout en respectant le sens et la forme des besoins du chercheur.

La première révolution industrielle a libéré l'homme de certaines tâches physiques, ce qui l'a conduit à s'orienter vers de nouvelles frontières de travail. Mais il est toujours aussi occupé. Qu'a-t-il donc fait du temps qu'il avait récupéré au cours de cette première révolution industrielle[3]? Aujourd'hui, la venue de l'ordinateur lui offre encore une chance de se libérer en lui donnant un outil intellectuel pour assister la pensée logique dont les frontières semblent dépasser l'imagination. Cependant, qu'en est-il de la pensée intuitive et de la logique de l'ordinateur? Est-ce que la compréhension du sens est accessible au traitement de l'information? Si oui, dans quelle mesure[4]?

L'ordinateur peut sans doute nous aider à organiser des systèmes de mesure de plus en plus complexes avec lesquels les enseignants sont en interaction, comme le contexte scolaire, les interventions pédagogiques, les processus d'apprentissage et les divers résultats attendus. Dans une approche d'apprentissage de la recherche, comment donner un sens à l'informatique opérationnelle pour découvrir des relations plus harmonieuses en rapport avec l'évaluation de chacune des étapes du processus de recherche[5]? Est-ce que cet outil nous aidera à mieux nous adapter à l'augmentation du rythme des changements[6]? Nous aidera-t-il à faire de meilleurs choix pour assumer notre développement personnel en harmonie avec les autres? Saura-t-il nous aider à acquérir une meilleure conscience de notre environnement[7]? Comment composer en recherche avec des solutions contingentes au sens strict du terme, c'est-à-dire largement indéterminées et donc arbitraires? Voilà autant d'interrogations importantes qui devraient nous inciter à apprivoiser cet outil dans une démarche de perfectionnement en éducation. Il doit nous servir et non nous asservir.

L'informatique peut en effet apporter un support important à la formation en recherche, et ce à chacune des étapes du processus[8,9,10,11]. C'est ce que nous essaierons de clarifier dans le cadre de ce chapitre.

Pendant la dernière décennie, les changements anticipés et provoqués par l'utilisation de l'ordinateur en recherche ont été largement discutés par les principaux intervenants concernés. Tous convergent dans une même direction, c'est-à-dire vers une conception du monde à la fois plus globale et plus complexe sur le plan de la logique et de la pensée instrumentale[12].

On constate que plusieurs expériences d'utilisation de l'ordinateur pour l'enseignement et la recherche ont abouti à des innovations superficielles à cause du manque de relation entre les modèles expérimentaux en recherche et les projets pédagogiques[13]. Préciser les limites d'un modèle d'utilisation de l'ordinateur à des fins pédagogiques est souvent une tâche difficile étant donné l'importance des conséquences.

Il faut se questionner sur la pertinence de l'utilisation du micro-ordinateur pour le besoin de la recherche et sur ses limites. Il y a certaines tâches que nous ne devrions jamais confier à un ordinateur, surtout quand il s'agit de projets pédagogiques. *Il arrive que nous ne maîtrisions pas assez ces tâches.* Nous ne connaissons pas exactement les limites des actions entreprises, ce qui fait que nous devrons en cours de route faire des choix pour réajuster ces actions, ce que l'ordinateur ne peut faire. Il est fondamental de disposer d'un modèle global, même incomplet, pour aider le formateur et l'étudiant à intégrer le potentiel de l'informatique opérationnelle dans le cadre de la formation en recherche. C'est ce que nous nous proposons d'exposer dans ce dernier chapitre.

La réussite de l'intégration systématique de l'ordinateur dans le processus de la recherche, dépend de notre capacité à réaliser un équilibre entre la puissance de l'ordinateur comme outil logique et notre aptitude à la compréhension de ses différentes utilisations. La compréhension de l'informatique provient de la signification que l'on accorde aux prolongements des sens: elle n'est pas dans la forme du programme informatique, mais essentiellement dans l'usage que l'on en fait. En nous appuyant sur plusieurs écrits, nous avons repéré quatre stratégies pratiques favorisant une meilleure interaction des ressources lorsque l'on parle de la recherche, du chercheur et du micro-ordinateur. Ces stratégies concernent *l'ordinateur et les besoins en recherche; les tâches de l'ordinateur et les étapes de la recherche; les outils de l'informatique et les activités de recherche; les limites de l'informatique et les choix personnels.* Dans ce dernier chapitre, nous tenterons de montrer sommairement comment, avec un minimum d'efforts, un chercheur peut utiliser le potentiel d'un micro-ordinateur, et ce à chacune des six étapes du processus de la recherche (voir la figure 8 présentant un aperçu de ce modèle d'évaluation au module 18).

Module 17
L'informatique opérationnelle et
les besoins de la recherche

Les étudiants inscrits à un programme de recherche trouvent difficile de planifier, de prendre des décisions éclairées en rapport avec les différentes formes d'utilisation possibles du micro-ordinateur comme auxiliaire de recherche. Ceux qui veulent bâtir un système personnel à l'aide d'un ordinateur ont différents choix à faire en ce qui a trait au matériel ou aux logiciels. Il va de soi que nous ne pouvons pas, dans le cadre de cet ouvrage, analyser les multiples possibilités du micro-ordinateur comme auxiliaire de recherche sur différents plans comme *le traitement de texte, l'organisation de base de données, les chiffriers électroniques, le calcul des statistiques, les graphiques et les différents médias de communication.*

Le premier obstacle à surmonter dans l'utilisation d'un micro-ordinateur concerne sa compatibilité avec les nombreux programmes offerts en informatique opérationnelle. Il faut donc commencer par étudier les possibilités du micro-ordinateur en relation avec les différents logiciels sans perdre de vue le processus de la recherche et ses diverses étapes. Le chercheur en formation devra considérer, en vue de la planification d'un système informatique personnel adapté à sa recherche, trois étapes distinctes: évaluation de ses besoins, connaissance d'un micro-ordinateur approprié à ses besoins, choix des logiciels performants susceptibles de répondre à ses exigences[14].

Phase I: évaluation de ses besoins

La meilleure façon de partir du bon pied est de faire une analyse de ses besoins en informatique, c'est-à-dire de déterminer les tâches particulières que l'on veut, que l'on peut et que l'on devrait confier au micro-ordinateur en fonction des logiciels existants et performants. Les tâches peuvent se repérer à chacune des étapes du processus: proposition de recherche, organisation du travail, cueillette des données, analyse des données et rédaction du rapport.

Phase II: choix d'un micro-ordinateur
approprié à ses besoins

Choisir un micro-ordinateur ne veut pas nécessairement dire en posséder un personnellement; on peut vérifier les possibilités d'utilisation d'un ordinateur dans un établissement d'enseignement ou autre. Il ne s'agit pas non plus de se spécialiser dans l'utilisation de plusieurs genres d'appareils. Il importe surtout de développer un minimum de compétence pour maîtriser les données informatiques nécessaires à chacune des étapes de la recherche et d'éviter ainsi de dépendre des autres pour le traitement de ses propres données.

Les compatibilités de l'appareil avec les types de logiciels dont on a besoin sont bien entendu des éléments essentiels à considérer pour l'identification du matériel informatique. Toutefois, il faut également tenir compte d'autres éléments:

- le système vidéo;

- le formatage des disquettes;

- le système opérationnel; et

- le système central de traitement.

Outre ces éléments, les habiletés dans l'utilisation de tel ou tel appareil sont également des facteurs à considérer.

Une grille sommaire d'analyse des besoins en rapport avec l'organisation de son propre système informatique en recherche est présentée dans ce chapitre.

Phase III: répertoire des logiciels performants pour ses besoins

Une fois que l'on a identifié les tâches à confier à l'ordinateur, vient le moment de sélectionner les programmes et les logiciels les plus appropriés pour accomplir des tâches. Bien entendu, le choix de logiciels performants pour la recherche ne doit pas se faire en considérant uniquement les guides d'utilisation. Il est recommandé de consulter quelques utilisateurs professionnels et surtout d'essayer soi-même, de vérifier comment on peut travailler avec un logiciel et de savoir s'il répond aux attentes. Il n'est pas question non plus de se baser uniquement sur l'essai et l'erreur. Il importe de bien connaître ses motivations dans ce sens et de savoir comment utiliser l'ordinateur.

Certaines personnes veulent absolument entrer en contact avec un micro-ordinateur en faisant toutes sortes d'essais sans trop réfléchir. D'autres, qui planifient soigneusement les diverses utilisations, n'aiment pas jouer le jeu de l'essai et de l'erreur[15]. Trop d'innovations manquent de planification dans le domaine de la pédagogie du micro-ordinateur. Lorsqu'un étudiant concentre toute son attention dans un projet de recherche, ce n'est pas le moment de dépenser trop d'énergie pour développer une expérience personnelle très poussée. Il est préférable de se contenter des usages très spécifiques à ses besoins et d'utiliser des outils dont on connaît les limites; après tout, l'informatique est un moyen de libérer le chercheur et non une fin en soi. Il existe plusieurs revues, différentes grilles d'utilisation qui donnent de judicieux conseils et peuvent aider le chercheur à se faire une idée personnelle sur une utilisation optimale de l'ordinateur en recherche, dans l'enseignement et dans l'apprentissage[16,17,18,19,20].

Module 18
Les tâches de l'informatique
et les étapes de la recherche

Le but de ce module est de montrer les différentes tâches que l'on peut réaliser à l'aide du micro-ordinateur à chacune des étapes de la recherche. Le micro-ordinateur, comme outil de la pensée instrumentale, possède un potentiel immense pour l'évaluation des étapes de la recherche, ce qui devrait aider à accomplir certaines tâches de façon plus efficace et efficiente. Que faut-il évaluer dans ce genre de travail, si ce n'est le processus qui va de la proposition de recherche à la communication des résultats de manière cohérente? Toute cette démarche, du début à la fin, nécessite des choix judicieux, des instruments de mesure ainsi que des décisions éclairées. Pour ce faire, le micro-ordinateur, comme support technique de l'informatique, permet de travailler avec de nombreuses variables. N'est-ce pas le but même de l'évaluation que de mettre le plus en lumière une situation de recherche? L'ordinateur, comme outil technique pour la mesure et l'évaluation, peut jouer un rôle important[1]. Pour cela, il doit être performant, assez puissant comme support logistique et informatique de même qu'assez souple pour s'adapter au style du chercheur, sans toutefois exiger toute son énergie.

Entre les extrémités du processus de la recherche, c'est-à-dire entre la proposition d'un projet de recherche et la rédaction scientifique finale, on doit réunir plusieurs activités indépendantes et interdépendantes et tout cela doit se concevoir en un tout cohérent. La vérification systématique comprend plusieurs étapes et chaque étape comporte des contrôles, des procédés, des actions. Toutes ces activités font partie des domaines de la mesure et de l'évaluation, et le micro-ordinateur peut servir à chacune des étapes du processus de la recherche: c'est une question d'organisation et de planification.

Le processus de la recherche
Nous avons précisé antérieurement que l'étude de tout le processus d'évaluation de la recherche peut se con-

cevoir en six étapes: 1) la proposition de recherche; 2) l'organisation du travail de recherche; 3) la cueillette des données; 4) le traitement des données en résultats; 5) l'interprétation des résultats de façon compréhensible en tenant compte du type de recherche; 6) la communication des résultats dans un réseau cohérent. Le micro-ordinateur, comme outil, peut être utilisé pour faciliter la réalisation de chacune de ces étapes, en plus d'établir un suivi systématique et une interaction. C'est ce qui crée un processus dynamique et une évaluation continue, en raison des mesures définies par l'ordinateur à chaque étape. La figure 8 montre globalement la relation entre les différentes étapes du travail de la recherche et les types de programmes (logiciels) possibles pour aider à leur réalisation.

Les étapes de la recherche et les programmes informatiques

Le projet de recherche   Au début du projet de recherche, le micro-ordinateur peut jouer un rôle bénéfique. La situation de planification et de développement d'un projet implique la production de multiples brouillons, des corrections de même que plusieurs présentations au comité ou au superviseur du projet. Dans la deuxième section du module 5, nous avons présenté l'ensemble des points inclus dans une proposition de recherche. Le projet comprend essentiellement l'établissement d'un plan et sa réalisation en fonction de ces points (voir module 5).

Le plan comprend quatre parties:

– la définition des variables;

– le choix d'une méthode de recherche;

– la délimitation du domaine à l'étude; et

– les procédures de contrôle.

La réalisation du plan comprend également quatre parties:

– le modèle d'implantation;

– le calendrier;

– le budget; et

– les divers protocoles d'entente.

Enfin, toutes ces activités nécessitent plusieurs essais avant que le travail ne soit terminé définitivement. Le traitement de texte, par ses possibilités sur le plan du format, de l'édition, de l'assemblage, du remplacement et de l'impression, devient, à notre avis, un outil important pour un étudiant qui commence sa formation en recherche.

Figure 8

Tâches de l'informatique
à chacune des étapes de la recherche

Programme (tâche) / Étape (activités)	1 Traitement de texte	2 Base de données	3 Tests informatisés	4 Graphiques	5 Statistiques	6 Outils spéciaux
Proposition de recherche						
Projet spécifique (1)	√	√		√	√	√
Organisation du travail (2)	√	√			√	√
Réalisation						
Cueillette des données (3)		√	√			√
Analyse et synthèse des données (4)		√		√	√	√
Interprétation et conclusion (5)		√		√	√	√
Le rapport de recherche (6)	√					√

N.B.   Les activités propres à chaque étape peuvent être accomplies partiellement ou en totalité avec le micro-ordinateur, et ce à l'aide d'un ou de plusieurs programmes.

L'organisation du travail

Le micro-ordinateur, comme moyen d'enseignement, est utilisé dans certaines situations d'apprentissage pour gérer des parties de programme ou de cours[2]. Les tâches les plus élémentaires que l'on peut lui confier sont sans doute l'organisation des données informatiques en ce qui concerne les dossiers et les différentes tâches administratives. À un niveau un peu plus spécialisé, le micro-ordinateur sert à préparer des interventions pédagogiques ou à faire ressortir certaines difficultés d'apprentissage. Dans une stratégie de recherche, tout ce qui concerne les tâches de gestion peut être exécuté par un micro-ordinateur. Il assurera, entre autres, une mise à jour continuelle. Voici, par exemple, ce que nous pouvons prévoir :

- le développement du matériel et des instruments de recherche;
- le plan expérimental ou d'observation pour la cueillette des données;
- l'analyse quantitative ou qualitative;
- l'organisation des étapes;
- la préparation des rapports d'étape; et
- la préparation du budget, si nécessaire, etc.

La procédure à suivre et les instructions données au chercheur peuvent être assumées en partie par un micro-ordinateur. Nous savons que chaque type de recherche exige un plan différent. Si nous considérons différentes méthodes de recherche, lors de l'organisation de notre travail, nous nous apercevons que chacune possède son propre plan d'étude. Les tests et les protocoles d'observation et d'intervention, de même que la procédure utilisée pour chacune d'elles peuvent être développés et organisés à l'aide de la micro-informatique.

L'utilisation la plus complète et la plus évidente de cette dernière est sans doute la simulation[3]. Il existe des programmes que l'on peut utiliser pour des études prédictives, des études de cas, des enquêtes, des études sur le terrain, etc. Toute la proposition de recherche peut être simulée grâce à la micro-informatique. Précisons que dans ce contexte la simulation devient une modélisation dynamique. C'est le sens le plus général que nous puissions lui donner en éducation: la réduction d'un système à ses variables essentielles[4].

La cueillette des données

La procédure et la cueillette des données peuvent se faire avec l'assistance du micro-ordinateur. Il existe des programmes pour faciliter ces tâches. Par exemple, dans certains cas, on peut réaliser des interviews téléphoniques où les données sont directement entrées dans l'ordinateur. On trouve également des programmes qui recueillent l'information directement à partir du sujet et qui l'impriment sur des cartes que l'ordinateur peut analyser par la suite. La plupart de ces programmes sont des routines. Il y a aussi les programmes pour l'étude des comportements spontanés en langage non verbal qui se fait à l'aide d'une caméra et sert à l'analyse de l'enseignement[5].

Le traitement des données: analyse et synthèse L'ensemble des résultats peut être analysé par différents programmes statistiques: SPSS, BMD[6,7,8]. Il en existe de très simples — pour les routines — et d'autres, plus complexes. Tous les types d'analyses factorielle et descriptive peuvent donc être traités.

Plusieurs programmes offrent présentement la possibilité d'illustrer la synthèse des données par des tableaux et faire des représentations graphiques. D'autres peuvent reproduire des dessins: cercle, ligne droite, schéma, colonne, etc. Les tableurs à partir de rangées et de colonnes lors de l'organisation du budget sont disponibles et adaptables à différents ordinateurs.

L'interprétation des résultats: publication, impact L'interprétation des résultats constitue une autre tâche essentielle du travail de recherche et le micro-ordinateur peut ici encore intervenir comme support sur le plan des données quantitatives et qualitatives. Lorsque les données ont été analysées et synthétisées, l'interprétation, qui consiste à faciliter la compréhension des résultats, oblige souvent le chercheur à se référer à d'autres données pour compléter et reformuler. C'est à ce moment que les banques de données peuvent être réutilisées pour organiser les fiches et présenter les résultats à partir d'un autre angle, d'une autre perspective, d'expériences parallèles. Le programme des banques de données permet d'en entrer de nouvelles comportant, chaque fois, des caractéristiques différentes. L'interprétation des résultats exige souvent plusieurs reformulations, d'où l'utilité du traitement de texte approprié.

La communication des résultats La tâche qui consiste à organiser le réseau des idées de façon à présenter dans un rapport les résultats d'une manière cohérente peut aussi être assistée par micro-ordinateur. La communication des résultats, comme la planification, est une activité qui demande une grande harmonie entre les mots ainsi qu'entre les concepts. Il existe des programmes intégrés pour harmoniser les textes, les bases de données et les schémas d'interprétation. D'autres programmes intègrent le traitement de texte, les graphiques, les tableaux et les statistiques. Même si ces logiciels sont séparés, il suffit d'un peu d'imagination et de doigté pour les combiner et les utiliser.

Module 19
Les outils informatiques
et les activités de la recherche

Le présent module guidera le chercheur sur le plan des principes en ce qui concerne l'évaluation des divers programmes d'ordinateur, et ce relativement à l'accomplissement des tâches spécifiques d'un travail de recherche. Lorsqu'on choisit un programme ou un logiciel, il y a danger de se laisser influencer par différentes fonctions ou modes d'utilisation que l'on perçoit comme utiles. Nous avons repéré cinq modes d'utilisation concernant la gestion de l'informatique à l'école: *la programmation, le développement des habiletés (Computer Literacy), l'apprentissage au moyen de l'ordinateur (Computer Based Learning), l'ordinateur comme outil intellectuel (Intellectual Tools) et l'ordinateur comme système de gestion*[1].

Comme le domaine de la micro-informatique évolue très rapidement et que le contexte dans lequel elle sera utilisée dans dix ans est relativement peu connu et semble déjà très complexe, il est fondamental de poser notre modèle d'utilisation à partir des grands principes qui fondent les paradigmes holistiques. La recension des écrits nous a révélé sept postulats destinés à guider l'évaluation et à aider à comprendre la valeur des outils informatiques en fonction des activités de la recherche. Comprendre la raison d'être d'un outil est bien différent de savoir comment cet outil peut contribuer à améliorer la performance et l'effort de la recherche. Il est important, pour un chercheur en formation, de connaître les relations entre ces deux types d'information, c'est-à-dire POURQUOI ET COMMENT l'outil peut servir dans le processus de la recherche. Cela ne signifie pas qu'il faut connaître tous les mécanismes de ces outils, mais bien être en mesure de les situer aux différentes étapes de la démarche holistique. Il faut parfois accepter de ne pas comprendre complètement le fonctionnement d'un outil, mais, attention! cela n'est pas une règle absolue[2].

Pour connaître la valeur de l'informatique dans le processus de recherche, nous devons faire une démarche systématique et nous questionner sur la nécessité:

- de situer l'utilisation de l'ordinateur en éducation dans une perspective holistique[3,4,5];

- de développer une variété d'outils pédagogiques au niveau des programmes pour que l'ordinateur puisse jouer un rôle utile en éducation[6];

- de connaître les principes fondamentaux à la base des différentes théories d'apprentissage: pyschologie behavioriste, psychologie cognitive, psychologie du développement, neurologie, etc. (Sperry[7] accorde une très grande importance aux approches non verbales dans les échanges avec l'ordinateur);

- de faire des choix conformes au style d'apprentissage (il y a certaines limites quant aux possibilités d'utilisation de l'ordinateur[8]);

- d'avoir des variables opérationnelles. L'informatique demeure un instrument scientifique, donc nous devons travailler avec des éléments mesurables[9,10,11];

- de se concentrer davantage sur les données en rapport avec les processus cognitifs[12]; et

- de se concentrer sur des activités de routine. C'est pourquoi il est nécessaire d'avoir un modèle permettant de faire ressortir les points les plus généraux, les routines les plus connues qui sont importantes pour mettre au point un travail de recherche. Ainsi nous pouvons aider tous les intervenants à prendre des décisions éclairées concernant le choix des activités[13,14].

Nous savons que tous les logiciels disponibles sont l'objet d'usages spécifiques. C'est ce qui rend le micro-ordinateur performant et pratique à un haut degré. Nous avons simplifié l'évaluation des logiciels jugés importants pour le processus de recherche en nous limitant à cinq catégories de tâches que nous avons systématiquement intégrées aux étapes de la recherche de la façon suivante: proposition de recherche, management, cueillette des données, analyse des résultats et communication du rapport. Ces tâches (voir module 18) peuvent être assistées par ordinateur, accomplies en tout ou en partie par des programmes informatiques performants.

Cette dernière section présente un sommaire des activités les plus importantes réalisables à l'aide de l'ordinateur dans le cadre d'un travail de recherche.

Quelques outils effectifs pour les activités de recherche

Le traitement de texte   Lorsqu'on pense au traitement de texte, l'idée qui vient à l'esprit est celle de document: une lettre, un livre, un rapport, une proposition de recherche ou toute autre production de texte écrit. Ces documents ont des points en commun tels le format, l'édition, l'assemblage, le remplacement, l'impression, etc. Il existe plusieurs programmes de traitement de texte; le choix est immense et les prix varient selon la qualité de chacun.

Les bases de données   On considère généralement le système de base de données à l'aide du micro-ordinateur comme un classeur électronique. Il peut donc être perçu comme un ensemble de fiches; chaque fichier possède une forme particulière et est conçu pour recevoir des informations spécifiques. L'organisation d'une base de données exige un temps considérable et nécessite une certaine habileté. C'est pourquoi il est important de savoir exactement ce que l'on veut gérer avec ce système et de connaître ses besoins dès le départ.

La gestion d'une base de données vise trois objectifs: 1) l'organisation des données; 2) leur utilisation une fois le fichier créé (la base peut servir entre autres à assembler les fichiers et à les utiliser de façon fonctionnelle); 3) l'impression des fichiers. La production d'un rapport intéressant et informatif est sans doute le moment le plus enthousiasmant dans l'utilisation d'une base de données. Comme il en existe des centaines, il est toujours préférable de les choisir en fonction de ses besoins. Mieux vaut gérer peu mais bien.

Le chiffrier électronique Le chiffrier électronique est un outil de base pour la manipulation de chiffres. Il peut simplifier le travail et faire gagner du temps. Par exemple, il servira à l'organisation des données en chiffres sous forme de colonnes, de rangées, etc. En somme, le chiffrier électronique est le complément de la base de données. C'est pourquoi, aujourd'hui, on retrouve souvent ces deux programmes intégrés dans un même système.

Quelques outils spécifiques

Pour les habitués des ordinateurs Apple, il existe présentement toute une batterie d'outils spécifiques mis à jour par CLARIS[15]: File Maker II, Smart Form Designer, McProject II, McWrite II, McDraw II, McPaint 2.0, entre autres. Il serait intéressant de voir si ces logiciels pourraient aider les étudiants à organiser l'ensemble de leurs tâches.

Voici quelques renseignements à ce sujet:

File Maker II est une base de données pour la gestion de l'information et peut effectuer des rapports et des formulaires.

Smart Form Designer sert à dessiner des formulaires: rapports de dépenses, factures, billets et étiquettes d'adressage.

MacProject II 2.0 est un outil de gestion utilisé pour planifier, organiser, diriger et présenter des projets de toutes dimensions.

McWrite II est le meilleur programme de traitement de texte de MacIntosh. Il possède un vérificateur orthographique et un dictionnaire constitué de 200 000 mots. On peut également faire instantanément un transfert de fichiers entre MacWrite II et Microsoft Word.

McDraw II 1.1 est l'outil de dessin le plus vendu pour la création de présentations, graphiques, bulletins, plans, dépliants, circulaires et autres applications pour lesquelles il faut combiner texte et graphiques.

McPaint 2.0 est l'outil graphique qui établit la norme pour les logiciels de peinture de toutes sortes.

Module 20
Les limites de l'informatique
et les choix personnels

Les ordinateurs peuvent aider à prendre des décisions de différents ordres. Ils peuvent jouer aux échecs de façon aussi sophistiquée que l'être humain et diriger des activités humaines jusqu'à l'esclavage. L'essentiel est de ne pas tout confier à l'ordinateur parce que, lui aussi, comme arme de l'esprit, possède ses limites. À côté des outils puissants que se donne l'esprit pour compléter sa pensée logique, il comporte des aspects techniques redoutables, car aucun domaine ne lui semblera inaccessible avec le temps.

Les possibilités d'application des ordinateurs sont-elles infinies? On peut avancer, avec Weizenbaum[1], que «la plus élémentaire analyse fait ressortir la constatation suivante: ne sachant pas encore, à l'heure actuelle, comment rendre les ordinateurs assez «savants», pour qu'ils puissent polariser la pensée logique et la pensée intuitive, nous ne devrions pas, pour le moment, leur confier des tâches demandant de la sagesse, de l'intuition». Différents écrits concernant l'intelligence artificielle font ressortir trois modes de recherche à ce sujet, soit ceux de la performance, de la simulation et de la théorie. Même si les frontières entre ces modes ne sont pas nettement tracées, le mode d'utilisation que nous proposons pour l'ordinateur et la recherche est la notion de performance reliée aux tâches techniques. La performance, dans ce sens, est définie comme une action achevée, une tâche précise et, dans cette optique, le micro-ordinateur peut achever, accomplir des tâches précises dans le domaine de la pensée logique.

Cependant, pour qu'un micro-ordinateur puisse accomplir une tâche précise, il faut lui demander de le faire. La question qui nous intéresse est la suivante: «Quelles sont les activités que l'on ne peut pas confier à un micro-ordinateur dans un travail de recherche?» On peut concevoir un système de pilotage et confier à l'ordinateur la tâche de garder le cap sur une route prédéterminée. Mais il y a certaines tâches qui exigent du jugement, des choix, et le micro-ordinateur ne peut pas résoudre les dilemmes de valeur[2].

Le micro-ordinateur est essentiellement un manipulateur de symboles et, parmi eux, il en est certains que les humains peuvent lui confier pour se libérer des routines. Il apporte une contribution importante et appréciable en ce sens. Mais les tâches qui exigent de la sagesse et de la discrétion, qui requièrent une pensée plus fondamentale, voire une certaine pensée romantique, l'ordinateur ne peut pas les exécuter présentement.

Par ailleurs, comme auxiliaire de recherche, sur le plan de la logique opérationnelle, il peut égaler et même surpasser l'humain. En dépit de tout cela, il n'en demeure pas moins que la science empirique est un système élaboré, construit sur deux pivots: le rationnel et l'intuitif. Et on sait que la démarche rationnelle à elle seule ne suffit pas pour réaliser tout le travail de recherche; elle doit être complétée par une pensée plus fondamentale, plus globale, que l'on appelle l'intuition du chercheur. C'est ce qui offre de nouveaux aperçus à la recherche même si on parle souvent des failles du raisonnement humain et des conjectures de l'intuition de la conscience.

Le micro-ordinateur peut décider mais jamais choisir. Il peut également aider le processus d'analyse à l'infini, mais jamais résoudre un dilemme de valeur. Ceux qui croient que l'ordinateur est supérieur à l'esprit humain pourraient «avoir des surprises», car c'est seulement sur le plan de la pensée rationnelle et logique que le micro-ordinateur peut les remplacer. Il faut considérer le micro-ordinateur comme un complément de la pensée logique. En ce qui a trait à la pensée holistique, aucun ordinateur n'égale l'humain pour le moment. La nuance est toujours de mise, car la pensée logique ne peut résoudre tous les problèmes; elle aide à normaliser, classifier, ordonner, mais ne peut polariser, fusionner, synthétiser. L'ordinateur est donc limité en ce qui concerne les choix personnels[3,4,5].

C onclusion

L'organisation d'une situation générale du travail de recherche comprend maintes tâches et le micro-ordinateur peut en effectuer plusieurs, ce qui représente une aide appréciable sur le plan de la pensée instrumentale. L'utilisation du micro-ordinateur n'est pas limitée à élaborer un système de base de données, soit la cueillette, l'analyse et l'interprétation des données. Cependant, «il ne fait pas des miracles», et ce sont surtout les différentes possibilités du micro-ordinateur et l'usage que l'on en fait qui le rendent vraiment intéressant comme support à la recherche.

L'analyse et la synthèse de divers écrits nous montrent des niveaux d'application plus ou moins différents selon l'ampleur et la complexité des tâches accomplies par le micro-ordinateur. Les quelques perspectives d'utilisation de l'ordinateur que nous avons exposées dans ce chapitre sont très sommaires. Notre but était de faire ressortir quelques facteurs de base concernant le choix des logiciels pour l'organisation du système d'instrumentation de la recherche. Le micro-ordinateur n'est ni bon ni mauvais en soi: tout dépend de l'usage que l'on en fait. Nul doute qu'il ouvre des champs de connaissance immenses et favorise l'action et la création en recherche. Il donne des capacités nouvelles pour reconnaître ou détecter la présence de liaisons inconnues entre les composantes du monde physique, de la société et de la personne. Jamais, cependant, l'ordinateur ne pourra remplacer totalement l'esprit humain.

R éférences

MODULE 17

1 DOMINÉ, C.H., *Technique de l'intelligence artificielle: un guide structuré*, Paris, Dunod, 1988, 309 p.

2 WINSTON, Patrick Henry, *Intelligence artificielle*, Paris, Addison-Wesley Europe, Inter-Éditions, 1988, 528 p.

3 DUBOS, René, *Les Célébrations de la vie*, Paris, Éditions du Seuil, pp. 115-125.

4 ARSAC, J., *Les Machines à penser: des ordinateurs et des hommes*, Paris, Éditions du Seuil, 1987, pp. 1-51.

5 OUELLET, A., *L'Évaluation créative, une approche systémique des valeurs*, Québec, P.U.Q., 1983, pp. 79-141.

6 WEIZENBAUM, Joseph, *Puissance de l'ordinateur et raison de l'homme*, Paris, Éditions de l'informatique, 1981, pp. 170-180.

7 MARKLEY, O.W., «Human Consciousness in Transformation», dans *Evolution and Consciousness*, Massachusetts, Addison Wesley, 1976, pp. 224-225.

8 DECK, Dennis, «Research on Evaluation program, Using Microcomputers in Evaluation», A Collection of Workshop Materials, *Northwest Regional Educational Laboratory*, vol. 6, n° 3, janvier 1984, pp. 6-10.

9 CROZIER, Michel et FRIEDBERG, Ernard, *L'Acteur et le système*, Paris, Éditions du Seuil, 1977, p. 13.

10 LEVIN, H. M., «Cost Analysis», dans N. L. Smith Edit., *New Techniques for Evaluation*, Beverly Hills (California), Sage Publications, 1981, pp. 13-70.

11 HWANG, C. et YOON, K. *Multiple Attribute Decision Making: Methods and Applications: A State-of-the-Art Survey*, Berlin, Springer-Verlag, 1981, pp. 10-120.

12 BORK, Alfred, *Personal Computers for Education*, New-York, Harper & Row, 1985, 179 p.

13 ARSAC, Jacques, *La Machine à penser: des ordinateurs et des hommes*, Paris, Éditions du Seuil, 1987, 250 p.

14 GRAY, Peter J., «Microcomputers in Evaluation, Research on Evaluation Program», *Northwest Regional Educational Laboratory*, vol. 5, n° 4, April 1983, pp. 2-13.

15 WEIZENBAUM, Joseph, *op. cit.*, p. 147.

16 GALLINI, J. K., «What Computer Assisted Instruction Can Offer Toward the Encouragement of Creative Thinking», *Educational Technology*, 1983, n° 23, pp. 7-11.

17 GRAY, Peter J. et DECK, Dennis, «Using Microcomputers in Evaluation, A Collection of Workshop Materials», Research on Evaluation Program, *Northwest Regional Educational Laboratory*, vol. 6, n° 3, janvier 1984, pp. 2-10.

18 KINKO'S, *Academic Courseware Exchange, Spring 1987 catalogue*, Santa Barbara (California), 1987, 110 p.

19 OLIVIERI, Peter, *Wheels for the Mind*, Boston, Computer Science F430, Boston College Chestnut Hill, Reader Feedback From Since 1987, 113 p.

20 MORVAN, Pierre, *Dictionnaire de l'informatique*, 6ᵉ éd., Paris, Librairie Larousse, 1985, 341 p.

MODULE 18

1 BORK, Alfred, *Personal Computers for Education*, New-York, Harper & Row, 1985, 179 p.

2 DEPOVER, Christian, *L'Ordinateur média d'enseignement, un cadre conceptuel*, Bruxelles, De Boek Wesmael, 1987, 243 p.

3 LEOYD, A., POSER, PERTSIM, Sawanson et Harold L., *Text and Similation*, Pennsylvania, International Textbook Company, 1969, pp. 1-11 et pp.100-105.

4 RASER, J.R., *Simulation and Society*, Boston, Allyn and Bacon, 1975, 180 p.

5 ANEVAPC: *Un logiciel pour l'analyse et l'auto-analyse de l'enseignement*, Montréal, Logiciel inc., 1987.

6 S.P.S.S., NIE, Norman H., BENT, Dale H., HULL, C. Hadleu, *Statistical Package for the Social Science*, 3ᵉ éd., New-York, McGraw-Hill, 1988.

7 B.M.D., *Biomedical Computer Programm*, W.J. Dixon, Ed., Los Angeles, U.C.L.A. Press, nᵒˢ 2 et 3, 1971.

8 WENGER, Étienne, *Artificial Intelligence and Tutoring Systems*, Los Altos, Computational and Cognitive Approaches to the Communication of Knowledge, Morgan Kaufmann Publishers, 1987, 486 p.

MODULE 19

1 OUELLET, André, *Analyse de situations effectives d'apprentissages en vue de leur simulation sur micro-ordinateur*, Projet de recherche de la Fondation de l'Université du Québec à Chicoutimi depuis 1983.

2 MINSKY, Marvin, *The Society of Mind*, New-York, Simon and Schuster Inc., 1986, pp. 25-30

3 BORK, Alfred, *Personal Computers for Education*, New-York, Harper & Row, 1985, 179 p.

4 BELLMAN, Richard, *Artificial Intelligence: Can Computers Think?* Boston, Boyd & Fraser, 1978, 146 p.

5 SLEEMAN, D., BROWN, J.S., Ed.., *Intelligent Tutoring Systems*, London, New-York, Academic Press Inc. 1982, 345 p.

6 HEBENSTREIT, J., *Computers in Education: The Next Step*, Paper delivered at International Federation of Information Processing TC3 Conference, Delft, The Netherlands, juin 1983.

7 SPERRY, Roger, *Nobel Price Speech*, dans A. Bork, «Personal Computers for Education», 1982, pp. 85-94.

8 SIMON, H. A., «Designing Organisations for an Information-Rich World», dans M. Greenberger (Ed.), *Computers, Communications and the Public Interest*, Baltimore, John Hopkins University Press, 1971.

9 CALFIE, R., «Cognitive Psychology and Educational practice», dans David C. Berliner (Ed.), *Review of Research in Education*, Washington (D.C.), American Educational Research Association, 1981, pp. 3-73.

10 GLASER, R., «Instructional Psychology: Past, Present and Future», *American Psychologist*, vol. 37, n° 3, 1982, pp. 292-305.

11 RESNICK, L.B., «Instructional Psychology», *Annual Review of Psychology*, n° 32, 1981, pp. 659-704.

12 RESNICK, L.B. *Op. cit.*

13 DELLA-PIANA, G., «Literacy and Film Criticism», dans Nick L. Smith Ed., *Metaphors for Evaluation: Sources of New Methods*, Beverly Hills (California), Sage, 1981, pp. 211-246.

14 SMITH, N. L. Ed., *Communication Strategies in Evaluation*, Beverly Hills (California), Sage, 1982.

15 WINSTON, Patrick Henry, *Artificial Intelligence: What Computers Can Do*, New-York, Addison-Wesley, 1977, pp. 6-15.

MODULE 20

1 WEIZENBAUM, *op. cit.*, p. 149.

2 FEIGENBAUM, Edward et McCORDUCK, Pamela, *The Fifth Generation*, Reading, Massachusetts, Addison Wesley, 1983, pp. 100-150.

3 *Systèmes d'enseignement intelligent assistés par ordinateur*, Montréal, Université de Montréal, 1er, 2 et 3 juin 1988, p. 507.

4 DREYFUS, Hubert, *Intelligence artificielle: Mythes et limites*, Paris, Flammarion, 1984, pp. 75-105.

5 DUBOS, René, *Les Célébrations de la vie*, New-York, Éditions Stock, 1982, pp. 350-356.

Glossaire

Abstraction Trait caractéristique de la science qui consiste à retenir les éléments essentiels en rapport avec le but du système que l'on soumet à l'étude.

Adéquacité Capacité de répondre correctement à une circonstance de recherche. La réponse correcte à une circonstance ne se limite pas à un geste physique, mais à un geste empirique, à une attitude mentale adéquate.

Analyse de perception Façon de se représenter la réalité d'un objet, de la connaître à partir des étapes suivantes: étude des fonctions, de l'évolution, de l'environnement, de la finalité et de la structure.

Analyse des besoins Processus par lequel on repère les facteurs susceptibles de diminuer les écarts entre la situation réelle et la situation désirée.

Anthropomorphisme Tendance qu'a l'humain à donner à l'univers, à toutes les choses et à Dieu même des formes, des sentiments, des valeurs et des pensées humaines.

Approche Démarche comportant une part de subjectivité et aussi une part d'objectivité, dans la mesure des limites permises.

Approche holistique Approche qui a tendance à utiliser des informations qualitatives pour comprendre et interpréter. En éducation, on admet deux approches majeures complémentaires pour conduire la recherche: l'approche scientifique et l'approche holistique. La tâche de la recherche dans une perspective scientifique est *d'établir des relations causales et d'expliquer,* tandis que dans une perspective humaniste éducative, elle est de *fournir des interprétations et de comprendre les événements.*

Approche systémique Approche qui permet de rassembler et d'organiser la structure des éléments d'une réalité limitée et d'étudier les processus de leurs interactions et de leurs interdépendances.

Autonomie Les choses, les événements et les autres ne sont plus indispensables (tu ne veux dépendre de personne ni de quoi que ce soit). Ils demeurent des sources, des aides occasionnels. Il faut s'organiser pour que les autres ne puissent rien contre soi; il faut être vigilant lorsque l'on demande de l'aide.

But Ce vers quoi tend notre intention au départ. Le but est le pourquoi de l'action.

Capacité Information qui réside dans la mémoire de l'individu et qui rend possible l'exécution de comportements observables sous forme d'habiletés. La capacité se traduit par le pouvoir d'exercer une activité, d'assumer une tâche.

Ch'an Terme chinois pour désigner l'équivalent du terme japonais zen.

Choisir au hasard Sélectionner des éléments possibles sans faire usage de ses connaissances ou de l'approche rationnelle.

Co-existensivité Actions réciproques qui s'étendent: le rayonnement d'un atome s'étend à tous ses voisins ainsi qu'à l'univers et réciproquement.

Communication Capacité d'une personne à pouvoir interagir avec son environnement et le comprendre. Il ne faut pas confondre le besoin de communiquer avec la façon de communiquer.

Compétence Capacité d'une personne de pouvoir réaliser plusieurs actions dans des contextes nouveaux ou différents de ceux qu'elle a utilisés pendant sa formation. La compétence est transférable.

Complémentarité Existence simultanée de deux principes opposés, l'un négatif et l'autre positif, dans une seule chose ou un seul être. Exemple: les électrons sont à la fois corpusculaires et ondulatoires.

Comportement Ensemble des actions observables du corps et de la parole.

Comprendre Se représenter avec plus ou moins d'indulgence, mettre dans un tout. La compréhension fait partie du monde holistique des choses. Sur le plan opératoire, la compréhension permet de saisir les relations et les processus internes; c'est un savoir sur les choses. L'homme cherche à comprendre le sens de ce qui l'entoure et à réagir conformément à la compréhension qu'il a acquise.

Conception Interprétation de l'objet par lui-même, sans chercher à l'expliquer par des lois. C'est une façon de se représenter la réalité d'un objet à partir des étapes suivantes: sa finalité, son environnement, sa structure, sa fonction et son évolution.

Connaisseur Qualité d'une personne sélective. Un expert reconnu dans un domaine est un connaisseur.

Connaître Agir sur le réel pour le transformer au moyen d'actions manifestes ou intériorisées. La connaissance est toujours assimilée à un schéma.

Construit Concept inventé pour expliquer un aspect d'un phénomène. La raison d'être d'un construit est de nommer une caractéristique qui n'est pas dans la nature physique des choses. Exemple: le mot «chat» est un concept, mais le mot «motivation» n'est pas physiquement touchable; on doit donc le construire à partir d'autres mots.

Créativité Capacité d'une personne de produire plusieurs réponses à un problème. Les caractéristiques de la créativité sont donc l'abondance, la multiplicité, la profusion. Il ne faut pas confondre créativité avec création, la première n'étant pas nécessairement une valeur.

Critère de référence Point de repère utilisé pour classer l'information et traiter l'information en données en se basant sur des normes, des standards. Exemples: les scores d'un test peuvent être interprétés à partir de la performance d'un groupe; c'est le groupe qui fixe la norme. Les normes sont des absolus relatifs qui sont fixés pour permettre de décider ce qui deviendra acceptable ou inacceptable par la suite.

Définition fonctionnelle Définition qui précise comment on peut utiliser une chose sans s'occuper des relations entre les éléments.

Données Résultats de l'information qui a été traitée par l'analyse quantitative ou qualitative. Les données fournissent des connaissances sur un phénomène. Pour accéder au statut de faits véritables, les données de la recherche doivent être ancrées sur des hypothèses, des modèles, des concepts ou des construits reconnus.

Efficacité (rendement) Terme utilisé pour parler des mesures prises en vue d'évaluer l'impact d'une action. Dans ce sens, cette mesure concerne le degré d'atteinte des objectifs.

Efficience (performance) Terme utilisé pour parler des mesures qui sont prises en vue d'évaluer la productivité. Cette mesure concerne les améliorations à faire pour améliorer les résultats.

Effort Terme utilisé pour parler des mesures prises en vue d'évaluer les habiletés fondamentales. Ces mesures concernent les habiletés en rapport avec la perception, l'autonomie et la communication.

Éveillé Ce terme, fréquemment employé, désigne l'état d'esprit de celui ou celle qui se connaît pleinement.

Fait Ce qui ressort des données qui ont été traitées par des techniques.

Faux problème Problème qui n'existe pas ou qui est mal posé dans le sens où la difficulté n'est pas clarifiée. Pour qu'il y ait un problème au sens empirique en recherche, il faut un besoin et une méthode pour y répondre.

Gestalt Expression utilisée pour parler de choses qui se combinent d'une façon telle que nous ne puissions pas trouver d'explication.

Holistique Du grec *holos*, «tout entier». Dans ce guide, le mot holistique est utilisé pour désigner les deux voies de la recherche, la globale et la réductionniste.

Holographique (théorie) Cette théorie considère que chaque élément existant est le miroir de tout ce qui le contient et l'englobe. Ainsi, la conscience et la nature sont considérées comme interdépendantes et en symbiose. Il devient impensable de vouloir séparer l'objet du sujet en recherche.

Information Ce que l'on peut recueillir comme trace d'un événement, d'un phénomène étudié. L'information devient utile au chercheur par l'application d'une technique de cueillette valide et fiable.

Intuition créatrice Perception raffinée et en même temps plus globale de la réalité. Il ne s'agit pas de l'intuition animale, mais bien d'une disposition qui permet de travailler à partir de problématiques. Pour Bergson (1934), elle comporte trois critères: 1) critique des faux problèmes; 2) lutte contre l'illusion, recherche des différences, des articulations du réel, des convergences; 3) *positions et résolutions des problèmes de façon fonctionnelle plutôt que formelle.*

Koan Sorte de problème que le maître donne à résoudre à ses disciples (Koan en japonais).

Méthode de résolution de problème Démarche systématique de travail pour résoudre ou répondre à une difficulté ressentie. La résolution de problème peut se faire en référence à trois stratégies reconnues: le besoin de choisir (évaluation), le besoin de connaître (recherche) et le besoin de faire (développement). (Voir le module 10.)

Microsystème Une situation effective d'apprentissage où se trouve l'apprenant: la maison, la classe, la garderie, etc. Une telle situation se définit comme le lieu où les occupants participent à des activités données, dans des rôles donnés.

Modèle Un modèle, c'est l'expression d'une théorie ou l'abstraction d'une théorie. C'est une représentation fonctionnelle de la réalité, un processus d'abstraction qui, ne retenant que certains paramètres, contribue à représenter une réalité toujours complexe d'une façon plus simple.

Observation participante Expression couramment utilisée en recherche-action et qui rappelle que l'on ne peut pas séparer la conscience de l'observateur de l'objet de la recherche. Ce que l'on observe est manifestement l'expression du processus d'interaction entre l'objet et le sujet.

Paradigme Ensemble d'hypothèses fondamentales et critiques. Le paradigme est utilisé pour définir l'approche. Il est reconnu presque universellement et sert à guider et à bâtir les théories et les modèles. Le paradigme fournit un guide pratique et logique pour éviter les hypothèses ad hoc.

Pédagogie La pédagogie est la convergence de la dimension psychologique et de la dimension écologique. L'acte pédagogique commence là où la psychologie et la pédagogie convergent et sont en action de même qu'en relation. En somme, la pédagogie comprend la totalité de la personne et l'ambiance plénière.

Perception   Capacité d'une personne à pouvoir saisir globalement la réalité présente. La perception est sensorielle.

Problématique   C'est ce qui permet de soumettre à une interrogation systématique les aspects de la réalité mis en relation par la question posée. La problématique couvre l'aspect holistique de l'objet même de la recherche et du domaine où elle se déroule. Elle est ce qui fait dire au chercheur devant des faits ou des hypothèses: «c'est important» ou «c'est intéressant»; elle opère à partir de la section des thèmes de réflexion et de recherche jusqu'au moindre détail de l'étude (De Bruyne [et al.], 1974). L'opposé du concept de la problématique est le concept «problématisant».

Reformulation   Action de remplacer la représentation de quelque chose par une autre.

Représentation   Une structure qui peut être utilisée comme substitut d'une chose. Exemple: une carte est un substitut pour représenter le territoire d'une ville.

Simplification   C'est la qualité d'un modèle de recherche qui a été débarrassé du superflu, qui est délimité et devient manipulable. Le contraire serait un modèle compliqué que l'on ne peut ni manipuler ni vérifier.

Simulation   C'est l'expression dynamique d'un modèle. La simulation est différente d'un modèle en ce sens que le modèle présente les structures d'une théorie ou d'un système, tandis que la simulation présente le processus d'une théorie ou d'un système. La simulation est l'aspect dynamique du modèle (le modèle opératoire d'une théorie). Elle est le modèle d'un système et comprend trois processus fondamentaux: l'abstraction, la simplification et la substitution.

Stress   Action brutale et inhabituelle exercée sur un organisme ou un système lors d'une agression.

Substitution   Le fait de remplacer une chose par une autre. Si, dans la maquette d'un barrage, on remplace le béton par du papier mâché, on fait une substitution. Dans un modèle, si l'on remplace un concept par un équivalent, on fait une abstraction, ex.: remplacer le concept de la motivation par le concept de l'intérêt.

Symbiose   Association de deux éléments ou facteurs tirant profit l'un de l'autre.

Synergie   Association de plusieurs éléments ou facteurs dans l'accomplissement d'une fonction.

Synthèse   Combinaison à partir des éléments les plus simples d'un système de référence.

Système   Réalité qui intéresse le chercheur et qui est complète en soi. Un système a une fonction précise. Le système cardiaque a pour fonction de pomper le sang; le système respiratoire, de faire circuler l'air dans les poumons. De la même manière, un système sert à délimiter, à limiter la réalité concernée et précise la fonction de la réalité observée (voir module 2).

Tao   Terme de la pensée chinoise désignant un processus universel dans lequel toutes les choses sont engagées. Ainsi, le monde est perçu comme un flux en transformation continuelle. En Chine, trois termes sont utilisés pour qualifier le Tao: achevé, total et global. Expression utilisée dans le cadre philosophique de la pensée zen pour indiquer la voie, le chemin à suivre.

Technique   Ensemble des procédés et des méthodes d'une discipline. En recherche, le pôle de la technique traite de la procédure de la cueillette d'informations et de leur transformation en données pertinentes à un problème. (Pour saisir cette définition selon la manière holistique, voir les autres définitions qui y sont reliées: phénomène, information, donnée, traitement, fait.)

Théorie   Un ensemble d'énoncés au sujet d'une réalité. La théorie décrit les composantes de cette réalité et spécifie la nature des relations entre les composantes. Précisons, entre autres, que la théorie n'est pas qu'un ensemble de propositions au sujet d'une réalité; elle sert également à définir une classe particulière du langage utilisé pour connaître cette réalité.

Traitement de l'information   Démarche qui consiste à analyser l'information, à la synthétiser et à l'organiser en catégories pour la mesurer.

Yin-Yang   Polarisation des contraires par opposition à la dualité.

Zazen   Position de méditation (assis, jambes croisées).

Bibliographie

AMERICAN PSYCHOLOGICAL ASSOCIATION (A.P.A.), *Ethical Principles in the Conduct of Research with Herman Participant American Psychological Association,* Washington (D.C.), 1973.

BARNES, J. A., *Who Should Know What?,* Harmondsworth, Social Science, Privacy and Ethics Penguin, 1979.

Being Ethical? Professional and Personal Decisions in Program Evaluation, New-York, New Direction for Program Evaluation, n° 7, pp. 51-61, 1980.

BHÉRER, H., DESLAURIERS, J.-P., PÉPIN, Y. et VILLENEUVE, P., *Le renouveau méthodologique en sciences humaines: recherche et méthodes qualitatives,* Chicoutimi, U.Q.A.C., Coll. Renouveau méthodologique, Groupe de recherche et d'intervention régionales (G.R.I.R), 1985.

BONNET, H.T., *Psychologie: intelligence artificielle et automatique,* Bruxelles, Pierre Margaga, Éd., 1985.

BORICH, G.D. et MADDEN, S.K., *Evaluating Classroom Instruction,* New-York, Addison-Wesley Publishing Co., 1977, 496 p.

CALLAWAY, H., «Women's Perspectives. Research As Revision», dans J. Rowan Éd., Reason P., Wiley, London, Human Triquiry: A Sourcebook of NOV Paradigm Research, 1981.

CARDINET, J. et TOURNEUR, Y., *Assurer la mesure,* New-York, Peter Land, Berne Francfort–s, Main, Coll. Exploration, cours et contributions pour les sciences de l'éducation, 1985, 381 p.

CARROLL, J.B., «Measurement and Educational Psychology: Beginnings and Repercussions», dans J. Glover et R.R. Ronning, Éd., New-York, Historical Fondations of Educational Psychology, Plenum, 1987.

COER, W., et KEMMIS, S., *Becoming Critical: Knowing Through Action Research,* Creelong, Victoria, Deakin University Press, 1983.

DESLAURIERS, J.-P., *La Recherche qualitative: résurgence et convergences,* Chicoutimi, U.Q.A.C., Coll. Renouveau méthodologique, Groupe de recherche et d'intervention régionales (G.R.I.R.), 1985.

DESLAURIERS, J.-P. et GAGNON, C., *Entre le savoir et l'action: choix éthique et méthodologique,* Chicoutimi, U.Q.A.C., Coll. Renouveau méthodologique, Groupe de recherche et d'intervention régionales (G.R.I.R.), 1987.

DONMOYER, R., «The Problem of Language in Emperical Research: A Rejoinder to Miles and Huberman», *Educational Resources,* vol. 15, n° 3, 1986, pp. 3-13.

DRESSEL, P.L., *Handbook of Academic Evaluation,* Washington, London, Jossey-Bass Publishers, 1978, 518 p.

DUNN, W. N., «Qualitative Methodology», *Knowledge, Creation, Diffusion, Utilization,* vol. 4, n° 4, pp. 590-597, 1983.

EVERS, C.W., «Epistemology and the Structure of Educational Theory: Some Reflections on the O'Connor, Hirst Debate», *J. Philos. Educ.,* vol. 21, n° 2, pp. 3-13, 1987.

FARCET, G., *Arnaud Desjardins ou l'aventure de la sagesse,* Montréal, Éditions Lacombe, La Table ronde, 1987, 334 p.

FEYERABEND, P., *Contre la méthode,* Paris, Éditions du Seuil, 1979, 349 p.

GALTON, M., «Systematic Classrooms Observation», *British Research, Educ. Res.,* vol. 21, pp.109-115, 1979.

GUBA, E.G., *Toward a Methodology of Naturalistic Inquiry in Educational Evaluation,* Los Angeles (California), Center for the Study of Evaluation, University of California, 1978.

HARE, P.A., *Creativity in Small Groups,* Beverly Hills (California), London, New Delhi, Sage Publications, 1982, 199 p.

HILMAN, J., «La Mesure des événements: la proposition 117 de Proclus dans la perspective d'une psychologie archétypique», *Science et conscience, loc. cit.*

HOLZER, B. et MARX, J., *Knowledge Application: The Knowledge System in Society,* Boston (Massachusetts), Allyn and Bacon, 1979.

HORTH, R., *L'Approche qualitative comme méthodologie de recherche en science de l'éducation,* Montréal, Éditions de la mer, 1986.

HOUSE, E. R., *Evaluating with Validity,* Beverly Hills (California), Sage Publications, 1980.

HUBERMAN, A.M. et MILES, M.B., «Concepts and Methods in Qualitative Research: A Reply to Donmoyer», *Educ. Res.,* vol. 15, n° 3, p. 26.

ISAAC, S., *Handbook in Research and Evaluation,* San Diego (California), Robert R. Knapp Publisher, 1971, 186 p.

KEEVES, J.P., *Educational Research, Methodology and Measurement: An International Handbook,* Toronto (Ontario), Pergamon Press, 1988.

KEPPEL, G., *Design and Analysis: A Researcher's Handbook,* Englewood Cliffs (New Jersey), Prentice-Hall, 1973, 658 p.

KOLD, D.A., *Experiential Learning,* Englewood Cliffs (New Jersey), Prentice-Hall, 1984, 256 p.

KUHN, T. S., *The Structure of Scientific Revolution,* Chicago, University of Chicago Press, 1967.

LEMAINE, G. et J.M., *Psychologie sociale et expérimentation,* Mouton, Bordas, École pratique des hautes études, 1969, 360 p.

LE MOIGNE, J.L., *La Théorie du système général,* Paris, P.U.F., 1977, 258 p.

LINDHOLM, S., *Paradigm, Science and Reality: on Dialectics, Hermeneutics and Positivism in the Social Science,* Stockholm, University of Stockholm, Department of Education, 1981.

LUNNEBORG, C. E., *Bootstrapping Factor Loading Distribution when Factor Structures are Known, Research Report,* Seattle (Washington), Department of Psychology and Statistics, University of Washington, 1987.

MACE, G., *Guide d'élaboration d'un projet de recherche,* Québec, P.U.L., 1988, 119 p.

MARTIN, D.W., *Doing Psychology Experiments,* New Mexico, State University, Brooks/ Cole Publishing , 1977, 198 p.

MILES, M.B., Huberman, A. M., *Qualitative Data Analysis,* Beverly Hills (California), A Sourcebook of New Methods, Sage Publications, 1984.

NSPER, *Observation and the Evaluation of Teaching,* Edited by Williard R. Duckett, Éd., New-York, Phi Delta Kappa, 1980, 129 p.

OUELLET, A., *L'Évaluation créative: une approche systémique des valeurs,* Québec, P.U.Q., 1983, 411 p.

OUELLET, A., *Processus de recherche: une approche systémique,* Québec, P.U.Q., 1987.

PAQUETTE, C., *Des Pratiques évaluatives,* Victoriaville (Québec), Éditions NHP, 1984, 429 p.

REPÈRES, Essais en éducation. *Les Alternatives aux plans expérimentaux dans la mise à l'épreuve d'hypothèses en éducation,* n° 5, Montréal, Faculté des sciences de l'éducation, Université de Montréal.

REVUE DE L'INSTITUT DE SOCIOLOGIE, *À propos de la recherche-action,* Bruxelles, Éditions de l'Université de Bruxelles, 1981, 702 p.

SCIENCE ET CONSCIENCE, *Les deux lectures de l'univers,* France-Culture, Colloque de Cordoue, Stock, 1980, 495 p.

STALLING, J.A., *Learning to Look: A handbook on Classroom Observation and Teaching Methods,* Belmont (California), Wadsworth, 1977.

VAN DER MAREN, J.M. et PAINCHAUD, G., *Objets et méthodologies en recherche qualitative,* Montréal, Actes du colloque tenu à l'Université de Montréal, le 1er nov. 1984.

VAN DER MAREN, J.M., *Stratégie pour la pertinence sociale de la recherche en éducation,* Enquête-symposium réalisée à l'occasion du congrès annuel de la Société canadienne pour l'étude de l'éducation, Université de Montréal, le 29 mai 1985.

WALKER, J. C., «The Philosopher's Bouchstone, Towards Pragmatic Unity in Educational Studies», *J. Philos. Educ.* 1985, vol. 19, n° 2, pp. 181-198.

ZALTMAN, G., «Theory-in-Use Among Change Agents», dans E. Seidman, Éd., *Handbook of Social and Community Intervention,* Beverly Hills (California), Sage, 1983, pp. 289-312.

Index des auteurs*

A

B

C

D

E

---

* Pour faciliter la consultation, nous avons placé, entre parenthèses après chaque numéro de page, le numéro du module suivi du numéro de la référence.

Index des sujets